看懂時機講對話，
沒有口才也可以是人才

你今天廢話了嗎？
你廢話廢話

苦苓 著

作者序／

有關愛講廢話這個問題

問：一個人的口才是天生的嗎？還是後天可以訓練？

答：其實大部分是天生的，像有些人文才、學識非常好，卻沒辦法流利地表達出來。至於訓練的效果很有限，像蔡康永的說話之道，你就算看了一百遍，可能也達不到他十分之一的口才，這一點確實令人很氣餒。

問：那怎麼辦？口才對於一個人的待人處世非常重要呀！

答：對，所以我們可以退一步想：我不需要很會講、天花亂墜；但我至少可以不亂講、不講錯，至少人家不會討厭我講話，即使不能加分，也不要被扣分！

問：那是要盡量拍馬屁、說人家好話嗎？

答：也不是，拍馬屁的話一聽就聽出來了，效果不佳。最重要的是不要說廢話，例如說了等於沒說的空話、根本做不到的鬼話、講了根本不必負責任的屁話、還有越聽越討厭的幹話……這四種話我們統稱為「廢話」，只要能夠不講廢話，就算成功一半了。

問：可是我們一般人也很少會故意去說廢話啊？

答：沒錯，重點在「故意」兩字，你也知道不該說廢話，可是你沒有仔細思考、往往人云亦云，自己說了廢話、惹人討厭了還不知道，這才是最悲慘的呢！

問：會嗎？可不可以舉幾個明顯的例子來說明？

答：其實這本書裡的一百句廢話都是最好的例子。簡單講，你安慰朋友，很容易用「想開一點」這句話，但他（她）就是想不開才會這樣，你叫他（她）想開一點是毫無意義、也不會有效果的，這就是你常用而不自覺的廢話，也是我們生活中要盡量避免的。

問：可是你把「活在當下」、「做你自己」、「有夢就追」這些最勵志的話都當成廢話，那不是很不勵志嗎？

答：我們需要勵志，但也不能迷信勵志，「雞湯」喝太多也會營養不平衡的，我舉這些例子，不是用來勵志，而是孟子說天將降大任於斯人也，必先「苦其心志」用的。有時候多了解社會的現實面，多承受一點負能量，比迷信自己讀幾本勵志書就會成功好得多。

問：所以這一百句廢話，都是以前的人哄騙、欺詐、誘拐、誤導、帶壞我們的，都不要講就對了？

答：也不能這麼說，所以書裡還有這些廢話的「用法」和「對策」，讀完就算不能讓你口才忽然變好，至少能讓你腦筋清楚一點，每天都自問「我今天廢話了嗎？」如果沒有，那就可喜可賀，會是順利的一天了！

問：不講廢話，頂多不惹人討厭，真的對我們有幫助嗎？

答：當然有！孔子不是說「時然後言，人不厭其言」嗎？只要你看得懂場面、把握住人性、抓得到時機，講出來的都是正確的話，一定會到處受到歡迎、器重，就算沒有第一流的口才，也可以是一個很好的人才！

目錄

PART 1

開你一張空頭支票

PART 2

我站著講話不腰疼

PART 3

老人家總是這麼說

PART 4

出來混總是要會的

PART 5

讓你白眼翻不完

PART 1

開你一張空頭支票

改天大家約一下

用法：有心要約時，不必用；無心聚會時，好用。

人在江湖上「走跳」，一定需要朋友，而友情是需要培養的，所以聚會、聚餐，是一個不錯的「養朋友」方法。

但如果會跟你說「改天大家約一下」的，多半不是你真正的朋友，可能是老同學、舊同事，甚至初次見面者。大家感情既然淡薄，當然也不太有話好說，「禮貌性」的寒暄、敘舊之後，又要匆匆別離，而且也不知道多久之後才會重逢，甚至就此「人生不相見」了，在這樣有點尷尬、又有些匆忙的情形下，就有人會說「改天大家約一下」。

這句「廢話」非常地空洞！

第一，「改天」，沒有說定哪一天，那這一天何時會到呢？由你或我或他來發動呢？都沒說，所以這個「改天」永遠不會出現。

第二，「大家」，沒有說到底是哪些人？是現場的這些人？還是共同認識的朋友呢？可以再約別人嗎……通通都沒說清楚，只是泛泛的「大家」而已。

第三，「約一下」，除了沒講何時約、約哪些人之外，這一句又說明了：也不知如何約、在哪裡約，因為根本沒有人提出來，而提出這句「改天大家約一下」的人也毫無誠意，因為他自始至終沒有說「我來約」這句話。

一夥人要聚會是要有「召集人」的呀！喬大家的時間、喬聚會的地點、確定人數、訂好地方……再告訴大家，這樣的聚會才可能成功，有在江湖上走跳一段時間的人都該明白吧？

「來，擇日不如撞日，就明天晚上，你、我、小強還有你們兩個，六點半在東區美式餐廳，不見不散」——這才是負責任的「改天大家約一下」的實踐方式，如果沒有如此充分的準備與自信，太虛假的場面話就不要說了吧！

對策

改什麼天？現在就說好，哪一天？幾點？哪些人？在哪裡？好，就這麼辦——還有，你請客嗎？

「我的手機沒電了！」

用法：跟懶得理睬的人，可用；跟重要人士，千萬不可用。

咦？這不是很平常的一句話，我們常常在講的嗎？為什麼也變成了廢話，是對誰不該講呢？

對誰其實都不該講，以今日充電器材之完備、充電場地之充分，絕不會有人出門只帶手機卻不帶電池或充電器的，而絕大多數公共場所，也都樂於讓你的手機或充電器充電。因此，你還有什麼理由，說你的手機沒電了？

如果是上司，一定認為你是藉故在逃避責任，電話不接、LINE不回，你根本就是一個不負責任的傢伙，上司遍尋不著之後，第二天早上聽你在辦公室說出「手機沒電」這種理由，一定馬上叫你走人！你連把手機充電的能力都沒有，還會有什麼能力？

如果是好友，一定認為你是刻意冷落他（她），要不然為什麼電話不接、LINE不回，你根本就是一個無情無義的傢伙，一日一夜找不著人之後，下回見面，你竟敢說出「手機沒電」這種理由，那麼我們的友情就和你的手機一樣——沒電了！

至於配偶或伴侶那就更嚴重了，你若加班，辦公室找得到人；如果找不到人，一定是到外面胡作非為去了。你如果不是去了不該去的地方，和不該在一起的人在一起，接一通我的電話有什麼好怕的？怕背景音洩漏真相？怕自己支支吾吾露出馬腳（呃，我在跟人談事情、談事情）？還是怕自己根本沒法交代這麼晚還在外面做什麼（因為我搭的公車碰到示威遊行不能動，我就下來用走的，結果就被鎮暴警察圍住了出不來……你還掰得下去我輸給你）？

再退一萬步來說，就算你手機真的真的沒電了，你跟身邊任何人借個電話打給我讓我安心也做不到嗎？扯！

對策

真的喔？手機沒電喔？這手機真不好，明天就換一只新的好不好？哦不，我再買兩只給你，三只手機一起帶在身上，總不會那麼巧通通一起沒電吧？你說呢？

「我一定會還你錢的」

用法：有心還錢時，要用；沒有能力還錢時，更要用。

這是每個跟人借錢的人，一定會說的話。但對銀行你不必這麼說，因為它可以拍賣你用來抵押的房地；對地下錢莊你也不用這麼說，因為他可以砍斷你的腳筋。只有跟朋友和同事借錢時，才有人會這麼說。

這話可靠嗎？部分可靠、部分不可靠；開始可靠，後來不可靠。基本上有人跟你借錢，除非你打算讓這些錢「一去不返」，否則你不可以借，因為對方可能不還，這筆錢就變「呆帳」，你則變成「呆子」。

你說不會啊，對方有如期還錢啊！那很好，恭喜你！但是跟你借過錢的，絕大多數會再跟你借錢（畢竟一個人能免抵押免擔保地借到錢的地方不多，又不是新南向政策）。你上次既然沒有拒絕，這次就更沒有拒絕的理由了，只好乖乖再借，而且對方借的數目通常會比上次還多。

因此就這樣「有借有還、再借不難，習慣成自然」，對方會不斷跟你借錢，而且數目越來越多，直到有一天噩夢降臨——他不還錢了！

不還錢怎麼辦？不跟對方討，你會不高興；若跟對方討，他會不高興。兩個人原本是高高興興、「互通有無」的朋友，這下高興不起來了。甚至為了怕你一見面就討債，乾脆想辦法搞失蹤……相信對方的結果，你又來了一筆「大呆帳」，成了一個「大呆子」。

我們何必那麼在乎金錢呢？是呀，錢再賺就有了，但是朋友最可貴，是我們最捨不得失去的。而如果借錢給朋友還企盼他們還，相信那一句「我一定會還你錢的」，你不但會失去金錢，也會失去這個朋友。所以，為了我們珍貴的友情，我不能借錢給你，好嗎？

對策

我知道你一定會「想辦法努力」還我錢的，但你現在既然已經「想辦法努力」都沒有錢而要跟我借，那我怎麼相信之後你會「想辦法努力」還我錢呢？我覺得還是不要借錢給你，我們一起「想辦法努力」來弄點錢吧！好不好？

「你聽我的就對了，我難道會害你嗎？」

用法：要「死道友不死貧道」時，最好用的句子。

這句話聽起來有點氣急敗壞，這通常是朋友（而且多半是損友）勸你做某件有點風險（或經濟風險、或道德風險）的事時，看你好像屢勸不聽、又猶豫再三，實在找不到更堅實可靠的理由來說服你時，就忍不住冒出這一句來了。

這句話憑藉的是兩點：第一是朋友的聰明才智，反正無論如何是比你高出許多的，而且暗示你的智慧遠遠不如他，所以你自己不要亂下判斷，「聽他的就對了」。

第二點則是強調朋友的忠誠，兩個人是水裡來火裡去（有那麼誇張嗎？）的換帖、不，換命之交，所以他當然只會幫你、絕對不會害你的，那你不聽他的，還要聽誰的呢？

這裡面暗藏兩個風險：他憑什麼認為自己比你聰明？而且這件事顯然就是要你去做的，要冒風險的人也是你（否則你不會猶豫不決），那當然應該由你深思熟慮下決定。他那麼情急地要你聽話趕快決定，難道這其中牽涉到他的好處？或者他另有別的居心？「防人之心不可無」，對方越急你越該冷靜，好好想一想。

好朋友當然是不會「相害」的，但是他為什麼著急到「我不會害你的」這句話都給撂出來了？也就是說這件事的確是有風險的、如果失敗了我可能受害，他只是在強調成功的機率，所以才說「不會害我」。但是如果萬一（就算千萬分之一好了）失敗了，受害的還不是我自己呢？

尤其現在社會上不少違法吸金的、不擇手段直銷的、想盡辦法賣保險的，好心介紹給你的人，往往在費了半天口舌而不成時，就會冒出這一句來，這時候你就要小心了：如果有這麼好的事，他幹嘛不自己來就好了？卻硬要我加入，不對不對，我們還是趕快跑遠一點，比較安全。

對策

為什麼聽你的就對了？你比我聰明很多嗎？為什麼你不會害我？那是誰會害我？萬一我真的被害了，你會救我嗎？還是跑去跟另一個人說：「你聽我的就對了」？

「誰說我買不起？刷卡！」

用法：假的有錢人，常用；真的有錢人，不用。

資本主義社會最可怕的事，就是無限擴張你的信用。

本來一個人想買一樣東西，但是身上錢不夠，最好的方法就是努力工作、開始存錢，等到存夠了錢就把這樣東西買下來，「流淚撒種的必歡呼收割」，這是最好的方式，歡歡喜喜，毫無麻煩。

但是自從信用卡這個東西發明了之後，套一句台詞：「我們回不去了。」商人不但把各種好東西展現在你面前，而且不斷催促你去買，沒有錢？錢不夠？沒關係，刷卡就好了；簽個名就可以把東西帶回家；按幾個鍵東西就寄來你家裡，而且還免運費，多好！

由於沒有現場掏出白花花的鈔票，我們不會有心疼、捨不得的感覺，也不覺得自己錢包少了什麼，倒是馬上多了一樣自己喜歡的東西——活在這個時代真好！那我們就繼續「信用」下去吧！就算這家銀行給我們的額度有限，但還有第二家、第三家呀……隨便辦個五張十張卡在身上也沒什麼困難，想要什麼就刷一下、簽個名、按個鍵……好像，好像永遠都不必付錢似的。

而「陰謀」的影子正一步步走過來，「陷阱」的痕跡正一點點地出現，刷卡沒錢付？沒關係，只要付最低額，其他的就給你繼續欠著，怎麼那麼好？當然好！百分之十幾到二十的循環利率，簡直比放高利貸還划算，而我們若還不知警覺，還傻傻地刷卡、傻傻地負債，有一天終於發現自己的帳單上已經是好幾倍的天文數字，算一算你或許此生也還不清，還成為了一個「卡奴」！

我有一位朋友絕不辦信用卡，他的理由很簡單：「人不應該買自己買不起的東西。」給喜歡刷卡而沒能力按時繳錢的朋友做個警惕，大家共勉之。

對策

買不起就買不起，那不是你沒錢，是因為東西配不上你，默默地走開也不會有人笑你，何必把自己困在一大堆卡債裡？

「你很有潛力，我們對你有很高的期待」

用法：要用你時不會講，不用你時一定會講。

一聽到這樣的稱讚，很容易就像被灌了迷湯，心裡樂壞了，但仔細想想，對方稱讚的是什麼？是我的能力，不是耶，還是稱讚我的實力？也不是耶。人家稱讚的是我的「潛」力，就是潛水艇的「潛」，也就是還在水面下看不出來的；換句話說，人家認為我是「看不出」有什麼能力、實力的，對方其實只說我「可能有看不出來的能力」。

可是如果有能力，我一定可以從某方面表現出來，如果有實力，對方不可能沒感覺到，他現在不提這兩種「力」，只說我有看不出的「潛力」，那跟說我「沒有力」有什麼不同？只不過是換了個客氣一點的說法，意思其實就是他們根本看不出我有什麼厲害的，要不然至少說我有創造力、想像力也好啊！不管怎樣都只能說我有潛力，也就是說，將來能不能將這個潛力發揮出來，那是誰也不知道的，真是安全、負責、又有禮貌卻讓人很傷心的說法。

更令人傷心的說法是：我們對你有很高的期待。對方既然看不出我有什麼能力，竟然還願意對我有所期待，我真是感動到要哭了，沒想到這個期待還是「很高的期待」！那是不是也間接說明了我現在能力太低了，所以才需要很「高」的期待，不然就根本表現不出來了？這又一次證實了：說一個人有潛力不是什麼好話，基本上是反方向的廢話。

而要對這樣的人有很高的期待，那更是廢話再加一級，如果對方說要給我機會、挖掘我、培養我，那我也許還真的可以從「潛」力浮上來一點「能」力，甚至更扎實地成為「實」力，可他現在就是一副我根本「上不了檯面」的評價，那又怎麼可能對我有很高的期待呢？緊接在這句後面的，應該是「請你回去等我們通知」吧！

對策

真的嗎？我有潛力，那你們可以接受我、幫我開發出來，好為你們做出貢獻，也才不會辜負你們的期待啊！

人定勝天

用法：登山、攀岩、溯溪累個半死時，自我安慰用。

在花東沿海公路的一個轉角處，對著太平洋的滔滔巨浪，有一個小小的石塊，上面刻著「人定勝天」四個紅字。我每次經過這裡就會嘆一口氣：渺小的人類戰戰兢兢沿著海邊建了一條公路，花費了無數經費，動用了許多機械，還犧牲了幾位殉難者的性命，結果這條路不斷地被海水沖刷、侵蝕，又必須在海岸投擲無數的消波塊，無窮盡地耗費巨資來保住土地（這種情形其實全台皆然）。人類面對這種窘狀、這種困境，還敢厚顏地自稱「人定勝天」，真的好像不知死活的螞蟻啊！

人類從來不是大自然的對手，當然，人類可以恣意地開發、墾殖、破壞自然，為了建設更好的生活環境：像在美國的紐奧良，把海邊調節潮汐的紅樹林全砍掉，在比海平面低的地方蓋上無數豪宅，「人定勝天」了吧？一場卡崔娜颶風就徹底潰敗，而且積水還因堤防退不下去，「天」隨便給「人」一個教訓，就是無數的民不聊生，哀鴻遍野，你還「勝」什麼勝？

在日本的福島，為了保護電廠，蓋上世界最高的圍牆，據說一百年也沒有海水進得來！結果一場地震引發的海嘯，不但海水輕易翻牆而過，毀了人命和財產無數，也「攻克」核電廠，使得當地成為一片死域，久久無法復原……請問，「人」又在哪裡「勝」了「天」了？

其實人對自然所有的破壞與侵害，終究會招來自然的反撲。泰雅人的祖先說：「水走過的地方，水一定還會再來。」結果有人硬要把房子蓋在行水區，大水一來蕩然無存，這時再來哭天搶地又有何用？不能敬天畏祖，就只好受「天」的處罰，讓「人」承受苦果。

更不要說你拚死拚活登上一座山，千辛萬苦下來之後，就給自己來一句「人定勝天」，山還在那裡好好的呢，它可不像你累個半死。

對策

人真的可以勝過天嗎？下次颱風來你別躲進屋裡，在戶外站一個小時「勝天」給我看，我就叫你一聲 Seafood！

該擔的責任我不會躲

用法：有責任感的，可用；沒有責任感的，更好用。

做官的人為什麼要擔比一般人更大的責任呢？因為供養他們的是人民的血汗錢，人民繳了那麼多納稅錢給你，不是讓你當肥貓，而且人民的要求也不多，只是要你負責的那一部分國家機器、政府體制正常運轉。

當然難免有出現「不正常」甚至「失控」的時候，使得機器生鏽、制度出錯，人民則是遭到生命和財產的損失……這時候民心不定，自然會有怨氣，怨氣一出來，就要有人出面平息。

於是，「當權者」出來了，一臉謙卑但一副錯不在己的樣子，輕描淡寫、三言兩語就把事情推拖過去，然後就來一句很有「擔當」的話：「該擔的責任我不會躲！」

廢話！天下還有不該擔的責任嗎？總統府被「衝」了不會是消防隊的責任；同樣的，森林大火了不會是憲兵的責任；所謂責任，就是「你的事」，難道要推到別人身上嗎？油腔滑調不就是如此？

而如果是你的責任，你本來就要擔，還囉嗦什麼？這不就跟講「該吃的飯我一定吃」、「該拉的屎我一定拉」一樣的廢話嗎？大家要聽的是你要如何負起責任，要說明、要掃蕩、要補救、要懲處……做這些事才叫做「負責任」，而不是在一旁說風涼話似的「我一定擔」。

但他好歹也是個官，不管是考上的還是被派去的，應該就有基本的知識，知道如何「負責」吧？如今只聽到「決心」，卻完全沒有「方法」；只知道「出面」，卻根本不打算「解決」……那就是「發生這些事就是你們倒楣——至少責任不在我身上，所以，該擔的責任我一定負」，如果有其他不像我這麼油腔滑調、推不掉責任的，那你們就自認倒楣、乖乖地負責吧！

對策

那麼你該擔的責任有哪些？你又準備做哪些事來負責？還是說：你自認為根本沒有責任？

我會負責的

用法：根本不用說，真心的話，用「做」的就對了。

這一句和「該擔的責任我不會躲」不同，那一句是給有「權」者用的；這一句「我會負責的」是給有「情」者用的——也不一定有「情」啦！就是有求於你的人用的。

情侶戀愛，纏綿悱惻，肌膚相親，從上一壘開始，就逐步往二、三壘直奔，最終目的當然是抵達本壘「得分」——而女生如果無意，通常會將男生阻擋在本壘之前——為何前三壘就沒那麼要緊呢？因為本壘特別重要，是會「出人命」的！

既然如此，女生推拒、猶豫是理所當然，而男生使出的殺手鐧無非是「這樣我好難過」、「你就答應我一下嘛」等……這些話都是哀求、軟弱無力，只有這句「我會負責的」多麼有氣概、有擔當，讓女生不由得動心。

不過，千萬別上當！他負什麼責啊？讓他上本壘之後，妳可能發生兩件事：一是感染性病，這就是由他而來的，他負什麼責？付個醫藥費讓妳治病就算負責嗎？若是不幸得了疱疹，那可是終身無法治癒的，怎麼負責？

第二件更嚴重，那就是懷孕，那他又能負什麼責？要妳把小孩生下來、跟妳結婚？問題是，妳的人生是這樣計畫的嗎？妳要這麼年輕就被小孩綁住嗎？這個男人真的值得妳託付終身嗎？如果不是的話，把小孩拿掉！那不是花多少錢的問題，那是身、心雙方面都承受嚴重的打擊、甚至一生都沒辦法擺脫這樣的陰影，這狀況誰又能負得了責？

所以囉，在慾念高漲之際，千萬別被這句「魔咒」所騙而賭上妳的一生，再濃烈的愛情都不值得！要負責？很簡單，把保險套拿出來！

對策

負什麼責？你要養我和小孩一輩子、還是花錢帶我去打掉小孩？如果兩個都不要，你應該知道怎麼負責吧？

「放心，我不會射在裡面的」

用法：箭在弦上，不得不發時，用來安慰中箭者。

這可能是本書中唯一「限制級」的一篇，但現在年輕人發育得早、性生活往往提前開始，對性知識卻可能一知半解，所以我苦苓老人家還是要苦口婆心勸誡一下。

尤其是第一次，通常是沒有「預謀」的，所以也多半沒什麼「準備」（畢竟沒事整天隨身帶著保險套，也不免令人覺得有點怪怪的），而在耳鬢廝磨、情不自禁之後，終於來到了「生死交關」的本壘門口，有時甚至一溜煙（或者寫實一點說「一滑」）就進去了。

進去了就大勢底定，沒什麼好反悔的，但男生在進進出出樂不可支之際，女生卻可能眉頭深鎖心事重重：「老師說要做好安全防範措施的，我好像都沒有，萬一懷孕了怎麼辦？」但這件事也不好中途喊停，再說木已成舟喊停也沒用了，這時候，比較細心、體貼或聰明的男生就會說：「放心，我不會射在裡面的。」

如果女生因此放下心頭重擔，那妳就錯了！男生的精液不是像家裡的水龍頭，要打開才會出水，自從「小弟弟」開始興奮起來，它可能就有些跟前列腺液混在一起出來了，就有可能受孕！就算他在緊要關頭像拔蘿蔔或拔蛀牙般即時拔出，也可能殘留一兩滴精液在裡面，而那裡面已有成萬上億的精蟲，只要一隻！只要一隻就足以讓妳懷孕了……接下來所有的困苦煩惱，無須我們多加介紹。

更何況、就算「僥倖」沒有懷孕、逃過一劫，妳怎麼知道他除了沒有「準備」之外，還可能不太「衛生」——既然跟妳做不戴套子，那之前跟別人做也勢必不戴套子，那就很可能從別人那裡把莫名其妙的性病傳染給妳，這悲慘的後果又豈是一句「放心，我不會……」可以解決的？

對策

誰跟你放心啊！你給我去買，現在就去超商買，限時十五分鐘，如果時間到沒回來，別怪老娘走人，快去！

「我會永遠愛你的」

用法：對一夜情不可說，對真愛不用說。

什麼?!這麼動聽、這麼感人、明明是浪漫得不得了的這句話也是廢話？有沒有搞錯？這是情話才對吧！

沒錯！這是情話，但大部分的情話講的都不是已經做到的、而是我想做到的，或者是你希望我做到的，既然是戀愛ing，當然要promise、要hope，但大多數時候卻變成了 I wish（wish，與現在事實相反的假設，一般而言，確定做得到的用hope，執行有困難的用wish——英語小教室，不另收費）。

連「明天你是否依然愛我」都不敢確定，還說什麼「我會永遠愛你的」？稍微跟上時代腳步好不好。

人生多變換，世事永難料，你到今天日落之前，會不會跟我吵架然後分手，會不會愛上別人而變心……別說我沒把握，連你自己也不敢百分之百確認吧？那還大言不慚地跟我說什麼「永遠」——愛情是實現，不是諾言；愛情在當下，不在未來；愛情在堅實互握的雙手，而不在虛無飄渺的花前月下……既然世上什麼都是會變的，就單單只有你這個奇葩自認不會變，會不會對愛情太有信心了？

而且退一萬步講吧！就算你真的沒出事、沒變心、始終如一地愛我，但如果我變了呢？我不愛了呢？我另有所屬了呢？你還堅持愛我嗎？你會永遠地愛一個已經不愛你的人嗎？有沒有發現你的「永遠愛」太輕率了？還不如一步一腳印、一天一努力地好好愛我，而把這些時光收集堆疊起來，就算還不能「永遠」、也算是「長久」了吧？

對策

你永遠愛我？這是你的希望、還是你的承諾？一定做得到？好啊，那如果我有一天不愛你了，你也要繼續永遠地愛我，不能耍賴哦！

「沒有你我活不下去」

用法：想要演一下言情小說中的男女主角時，可以用。

這種話應該是言情小說裡常見的吧！兩個人愛得要死要活、死去活來，好像變成了連體嬰，一分開就無法單獨存活似的。說感人是也很感人啦，但是一個人完全無法獨立自主地活著，說煩人也是很煩人啦！

「沒有你我活不下去」，這句話放在人類身上，應該只有嬰兒與母親之間才是真正符合的，因為小嬰兒完全沒有行為能力，媽媽要是都不管他，確實可能活不了，但一個完整、成熟的大人，怎麼會沒有另一個大人就活不了呢？

這其實就是耍賴，真愛假愛我們是不知道啦！但這就是告訴對方我對你完全依賴，所以你要為我的食衣住行喜怒哀樂負起全責，因為跟你在一起我非常地快樂，但如果沒有了你我就活不下去，我會死，一條命你要負責！

如果碰到這樣的男生，女生最可能的回話應該是：「拜託，我又不是你媽。」其實在生命中，我們都不應該去得到「沒有了會死」的東西，因為一旦如此，我們的生命就完全受別人控制，再也沒有真正的自由可言。拿食物來說，不管再好吃的食物，我們都不能說「沒有吃會死」——能有這種威力的，應該只有毒品而已吧！把愛情變成了毒品，有的時候醺醺然樂陶陶，沒有的時候就歇斯底里要死要活，這樣的東西我們還是敬而遠之吧！愛情可以是補品，千萬別成了毒品。

而且這種「沒有你我活不下去」的情人，一旦遇到真的可能「沒有你」狀況，他們就會非常害怕自己「活不下去」，最常見的反應就是乾脆殺了你，這樣就不會有失去你的恐懼。所以講這句話的，很可能是恐怖情人，大家千萬小心呀！

對策

什麼？你是靠我在活命的？你當我是氧氣還是水？我可不要為你的一條爛命負責，你自己好好活著吧！我跟你打賭：我們三個月不要見面，保證你死不了！

「我從來都不想傷害你」

用法：做了壞事、無法彌補時，可用這句話「自欺欺人」。

聽到這句話時，多半已經被傷害了，而且是嚴重的傷害，而這種傷害很少出於親人或朋友，最有可能的就是配偶或伴侶，正所謂「愛得最深的人，也就是傷害你最深的人」。

而且用「傷害」這兩字還太輕描淡寫了。因為如果只是言語上的刺激、行為上的不合、甚至家庭暴力，恐怕都未必會用到「傷害」兩字──雖然後者明明是傷害，都已經動手了耶，但當一個人對你說「我從來不想傷害你」的時候，應該是早就已經「背叛」你。

對方可以不夠愛你、可以時愛時不愛、可以愛日漸消弱……但至少愛的還是你，可當對方「另有所愛」時，也就是很明顯的「不愛」你了──不愛你而愛別人，那就是傷害。

「從來都不……」的「從來」是什麼時候開始呢？應該是兩人交往開始，

當然沒有人一交往就想要變心的，所以這個「從來」沒有意義。

再來是「不想」，「想」在這裡的意思是思考，是理性的行為，在理性上我知道我是不該違背你的，可惜我「思覺失調」，我還是去做了原本「不想」的事。

而「傷害」就更不用說了，換句話說，在對方「不想」之時，早已明白這會傷害你（難道要你帶著笑容幫對方迎接小三嗎），而且傷你很重、無法彌補——古人說「言出如箭」，說出的話都不能補救了，何況做出的事？

所以這哪裡是「不想傷害你」，根本就是明明白白地知道會「傷害你」但還是做了，做了就做了，好漢做事好漢當，認錯、道歉、悔改……（當然你不一定要接受），如果不這樣做還在講什麼「不想傷害你」，實在是一個懦弱、無恥而且卑鄙的藉口。

對策

我知道你「從來」不想傷害我、但是「最近」呢？最近這一次難道你事先不知道會傷害我？你知道嘛！那就是明知故犯嘛！「故意犯」還想冒充「過失犯」，別做夢了！

我們要小心，千萬不能被發現

用法：偷任何東西時，都可用；偷情時，沒有用。

這話光聽起來就怪怪的，這明顯是兩個人合夥、偷偷在做壞事，為了怕被抓到而互相勸導、勉勵的話，而且聽起來就像是在偷什麼東西，那麼請問小偷容易被抓嗎？

一般的小偷不好抓，因為偷一次（如珠寶手錶現金信用卡）就跑掉了，除非你當場發現追出去，或是當場逮個正著——不過，以我過去在歐洲跟吉普賽人小偷「較量」的經驗，「獲勝」機率是非常低的。

但我們現在這一句講的是「偷情」，偷情不會只偷一遍，否則也不用提醒注意，偷情是一而再、再而三、習慣成癮，簡直沒完沒了的事；換句話說，偷情是慣竊。不但是慣竊，而且每次都偷一樣的東西，做案的手法也大同小異，做案的場地更極其有限……在這麼沒有「創意」的犯罪行為中，即使不是神探福爾摩斯，也不難抓到！

當然你們會小心，會分頭行進、會巧妙會合、會調虎離山、會先後離場……事成之後，也不忘檢查對方身上有沒有吻痕、衣服上有沒有毛髮、內衣褲有沒有穿反、身上有沒有賓館肥皂的味道，但這一切都不能保證你「不被發現」。尤其在這個網路時代，你們可能只是吃頓飯（總不能每次見面都只上床吧？），避開了熟人可能出入的地方，也低調沒有引起旁人注意，但很可能隔壁桌的人正在高興地白拍，拍來拍去就把你們當背景拍下了，而這張有你們吃飯的照片，卻不知從誰的臉書誰的ＩＧ誰的LINE就傳到不該看的人那兒。「鴨蛋再密也有縫」，阿嬤不是很早就說過了嗎？為什麼不聽話？

再小心也是會被發現的，慾海無邊，回頭是岸。

對策

我們相愛是多麼美好的事！為什麼要這樣偷偷摸摸像賊一樣！不行！我們應該各自回去解決了問題，再來在一起。

我只是跟她玩玩罷了，我真心愛的還是妳

用法：被當場捉姦在床不容抵賴時，可做最後保命術。

這一句話聽來很耳熟能詳吧？在各種愛情電影、電視、甚至人生劇場中，都是經常出現的對白，而且百分之百，都是被「抓包」、罪名確定之後的辯護掩飾之詞。

名演員艾迪．墨菲就有過完全「雷同」的故事：他偷情被抓，居然跟太太狡辯說：「我跟她是在性交，跟妳是在做愛，那是不一樣的，好嗎？」

可惜做的「愛」是無法驗證有多少，但上床倒是確確實實有動作、有過程、有結果，試問被戴綠帽的不管男女們：對方只是「偷情」而不是「戀愛」，對你有比較安慰一點嗎？

或許這就是走投無路下的不擇手段了，這種事向來是一方提出「坦白從寬」，而另一方則是「打死不說」的，但既已證據確鑿、抵賴不掉，那就給對方打一針「安慰劑」：意思說既然是「玩玩」，那就是隨時可以結束，很大可能沒

有下一回、而且絕不會影響我們兩人原本的「真愛」關係，雖然還是犯錯、雖然還是傷害（請參考第四十頁〈我從來都不想傷害你〉），但最少最少，我的「心」沒變，我愛的還是天長地久、山盟海誓的你，這樣是不是在氣憤傷心難過失望之餘，有稍微覺得慶幸：對方還是愛著自己？

別上當了，他（她）如果真心愛你，就絕不會放任自己的身體去跟別人發生親密關係，上床就是上床，偷情就是不可原諒，別拿早已失蹤的「愛」來做掩護了！

對策

我也是真心愛你，所以絕不容許我的身體「出軌」，而你的心既然已經無法控制你的身，那這種心我也不要了！

「我只想對你好，完全不求回報」

用法：單相思到受不了的時候，拿來安慰自己用。

有人說愛情無非是賀爾蒙的化學作用，其實根本禁不起理性的檢驗：例如有人對你千般百般的好，把你當王子、公主捧在手心哄……這當然ＯＫ，但如果對方再加上一句「我完全不求回報」就會令人不寒而慄了。

我們對一個人好，要先從對他（她）有「好感」開始，但是好的人那麼多，你為什麼偏偏選這一個呢？而自從表現了你的好之後，你當然期望對方也對你產生「好感」，也來對你「好」……所謂愛情，就是這樣一步一步「演化」而成的。

當然對方也可能對你的示好不為所動，你好你的，你請客他（她）照吃，你送禮他（她）照收，要早晚接送他（她）也ＯＫ，但如果他（她）就是不給你任何回報，完全把你當司機、傭人、提款機，而你卻還能樂此不疲對他（她）好下去……你要不要老實說，你到底有什麼居心？

因為這樣做不正常：人與人的關係是平衡的、對等的，不可能單獨一邊只收不給，更不可能單獨一邊只給不收——除非是母愛，但即使是偉大的母愛也會求回報啊！就算媽媽老後未必要求你全額奉養，但至少也希望你表達一下感恩，偶爾也要拍拍媽媽的馬屁、送送小禮物、母親節和媽媽吃個飯。連對「由己而出」的骨肉，母親的愛尚且希求一些回報，你現在卻對一個陌生人好得無以復加，卻不求任何回報，你若不是自虐狂，就是在說屁話。

真的到了最後，你能對他（她）的好已經付出到極限時（不管物質或精神方面），而對方仍然沒有一點被打動的跡象時，感情的天秤就會完全傾倒，「得不到，就毀了他（她）」的可怕念頭可能就此萌芽，悲劇也就發生了……為什麼有那麼多手段「極端」的感情悲劇？或許就來自這種「我只想對你好，完全不求回報」的執念。

對策

謝謝你，我不好意思白收人家東西不回禮，請你適可而止就可以了，你再硬要對我好，那我只好說掰掰了。

我沒有條件，感覺對了就好

用法：別人雞婆想幫妳找對象時說，以後他們就不會再提起。

對於很多熟齡女子來說，雖說是未婚狀態，但未必不想婚，用台語來講，可分為兩種：一種是「無嫁」，一種是「嫁無」。不想嫁的我們當然尊重她的自由與權利，不需要多問（否則就是無禮）；但對於想嫁而沒對象的，我們難免熱心地問她：「想要什麼條件的對象？」

她若說得出條件，例如「高富帥」，雖然有「淺薄」的嫌疑、「不自量力」的態度，但至少有個目標，說不定哪一天真的「飛上枝頭作鳳凰」也不一定，我們樂見其成。如果她說要有「房子車子銀子」，雖然有「現實」的嫌疑、「不重精神面」的態度，但至少有清楚的條件，我們也好知道如何幫她「甄選」或「推薦」對象。

最怕這種「沒條件」的！什麼沒條件？難道只是男的就好？甚至女的也可以？再老再小都無妨？已婚未婚也ＯＫ？就算隨便交個普通朋友都要一點條件

吧！要不然妳就空洞一點說「要和我談得來」「要和我精神契合」……至少都還有個準則可循，結果妳說「感覺對了就好」，那不是跟沒說一樣嗎？誰知道妳的感覺怎麼樣才會對呀？是視覺嗎？看起來順眼？是聽覺嗎？聲音悅耳？是嗅覺嗎？聞起來不臭？是觸覺嗎？摸起來順手？還是味覺呢？咬起來有口感？用這種「感覺」來找對象，是最虛無飄渺、無法捉摸的，不如去參加大規模的陳情抗議活動，因為只有那裡，才能「免費」提供一大堆人給妳「感覺」，看看對不對、看能不能就此決定妳的終身大事。

當然，如果要認真想，講這種話的人意思也很明白：我自己找我要找的人，不關你們的事，別再廢話多問了！

要是直接這樣說明，也省得我們「雞婆」半天。

對策

沒有條件？妳怎麼那麼隨便？感覺對了？妳怎麼那麼模糊，鬼才知道妳有什麼感覺！

「我只看內涵，從來不在乎外表」

用法：對於沒有外在美的人用，對帥哥美女當然不用在乎。

為了方便討論，我們以內在美代表內涵，以外在美代表外貌。「內在美」很重要，但是開始去接觸對象時，一定還是從「外在美」開始！

帥哥美女和醜八怪並列的時候，你選擇跟哪一個先認識、交往？更別說戀愛、成婚了。不選帥哥美女的，不是因為真的重視內在美，因為你也不知道，他們是否因為好看就沒有內在美啊，還是因為自覺無望，或不願跟隨流俗、才會故意要選醜八怪，其實你也不確定，這兩者是不是真的有內在美啊！

可見內在美是「看不見」、「無法計量」的，那麼你跟一個人剛接觸，明顯不知道對方是不是有內在美，這要花上很長一段工夫去了解；但你一眼就可以看出對方是否有外在美，如能吸引到你，自然會想與對方結識、交往，進而發現是否真有內在美，如果能夠「內外兼修」，那不就更好？如果真的

「外強中乾」，至少賞心悅目。但若要每天面對一個「不堪入目」的對象，卻能被其內在美吸引得如癡如醉、不忍離去，那也真是世上少有的奇蹟了！看看我們的社會，「讀書改變氣質」（內在美）的人多呢？還是「整形變化容貌」（外在美）的人多？從出版業的每況愈下，和醫美界的欣欣向榮，就可以看得很清楚了。「內在美」通常是我們用來安慰外貌平庸的人（包括自己）用的一句場面話、應酬話而已，如果「外在美」不重要，你每天出門幹嘛花那麼多時間梳頭髮、選服裝（女生還包括化妝）、挑鞋子？原來你也是重視外在美的！只是能變美的程度有限，才用「內在美」來做幌子吧——這句話說說可以，但千萬別當真。

對策

是嗎？我跟你剛好相反耶！那等一下聯誼的時候，漂亮（帥氣）的先讓給我，挑剩下的再讓你去開發「內在美」好不好？

「我下輩子（還）要娶妳」

用法：忘記買禮物給老婆、她正要發火時，緊急使用。

有人說「不可能實現的諾言最動人」，所以對於配偶或伴侶，我們千萬不要動不動就說要買房子、送鑽戒……因為如果做不到、前科累累，信用是會破產的。

所以我們就不如說些反正一定做不到的話，例如「我要把天上的星星摘下來送給你」、「我希望永遠住在你心裡」……別人聽來越噁心肉麻，另一半偏偏會覺得浪漫的。當然，裡面最經典也包括了這句「下輩子（還）要娶妳」。

男人會說出這句話通常有兩個前提，前提一：我這輩子沒有娶到妳，下輩子要娶妳。問題是我這輩子為什麼不娶妳呢？要不我嫌貧愛富、要不我是有婦之夫──總而言之，我是不想或不能或不敢娶妳的。但是，連看得到的這輩子都不娶妳了，還講什麼不知道是否存在的「下輩子」？簡直是「最差安慰獎」，下輩子才娶妳，好像比這輩子要跟妳偷情還要渺茫，所以這樣的男人還是回去陪家裡的太太吧，別再糊弄人了！

前提二：我這輩子娶到妳了，而且很滿意，為了表示感謝，我下輩子還會娶妳——等一下！既然太太「服務」那麼好，先生應該是要多給點實質的獎勵吧？不求豪宅套房，至少要珠寶名牌包，光講這種不知到哪一年才會實現的空話有用嗎？就像公司員工表現好，老闆就該加薪、分紅再加員工旅遊，而不是跟員工說句「我將來開下一間公司還會聘請你」就了事的吧？

何況滿意的是先生，太太搞不好覺得受盡委屈，恨不得早一點脫離苦海（只差沒詛咒先生去死），結果這男人居然還軟土深掘、不懂反省，連下輩子都還想繼續「荼毒」她?!誰要跟這豬隊友海誓山盟到虛無飄渺的下輩子去啊！

所以各位先生，醒醒吧，還不如今生就對太太好一點呢！誰跟你等到下輩子？

對策

還要娶我？是還要我做牛做馬、幫你擦屁股吧？這樣好了，下輩子換我當老公、你當我老婆，我們再續前緣好不好啊？

「我回家就是最好的禮物」

用法：不做家事的男人，愛用；做家事的男人，不屑用。

女人通常天性浪漫，即使在婚後飽受柴米油鹽、育兒瑣事之苦，但仍在心底深處維持著浪漫的心，希望先生偶爾能有浪漫的表現：例如吃燭光晚餐、開車去看海、或一起手牽手去看場電影也好……假如先生工作太忙撥不出時間，那偶爾（例如一年三節：情人節、生日、結婚紀念日）送個禮物，附一張甜言蜜語的小卡片，還是很ＯＫ的。

只可惜男人的「獸性」不改，尋找獵物時費盡心機，不擇手段，什麼一百朵玫瑰花、什麼半夜去看夜景、什麼連發五十條LINE的情話給你……但是只要獵物得手、拖進「洞窟」，就懶得再多花力氣了：妳就已經是我老婆了還要怎樣？我努力工作賺錢供你們母子生活了還要怎樣？還要什麼禮物是怎樣？「我回家就是最好的禮物」！

回家當然也可以是禮物，你既然沒帶禮物，也可以把自己當作太太的禮物。首先是一句熱切的：「我回來了！」然後深深地擁抱，好像要把對方身體融化似的，再來加上雨點似的親吻，朝每一個暴露出來的地方「攻擊」，再甜甜膩膩地問：「有沒有想我啊？」「一個人在家無聊嗎？」「妳也工作了一天累不累啊？」接下來最好是：「不要做飯了，我們出去吃好料的。」而這句如果換成「不要做晚飯了，我來做給妳吃。」保證對方一定開心到全身酥麻，感動得熱淚盈眶，可能幫你脫的衣服，就不只是西裝外套了……

但真正的你回來是什麼樣子呢？板著臉，悶不吭聲，鞋子一踢，衣服一脫，拿瓶啤酒，像個馬鈴薯般窩在沙發上，就看起球賽或打起game來了，好像太太只是你們家的保母、幫傭，也不會來廚房幫一手，或到房間看看小孩，請問你這位回家的大老爺，算是哪門子的「禮物」？

對策

真好！不過禮物得實用才行，來，先幫我拿垃圾下去倒，順便到店裡買點衛生紙，回來以後幫我打掃一下客廳……對嘛，聽話又實用，才是好禮物。

「沒事，你想太多了」

用法：心事重重又不敢讓對方知道時，加減用。

通常我們不會無緣無故問對方，一定是他（她）有了什麼不同於平常的表現：例如沉默不語、例如鬱鬱寡歡、例如心不在焉、例如脾氣暴躁……就知道「有事」了，做為最親近的人，我們當然應該探問一下、慰撫一番。

結果對方說「沒事」，嗯，沒事為什麼會變得不正常呢？難道是生理期或是男性更年期到了？那也是「有事」，也可以講出來一起想辦法克服的嘛！結果他（她）偏偏說「沒事」，一個可能是代表「你不懂、你幫不上忙、跟你講也沒用」——這是許多專業人士最容易犯的錯，不管懂不懂，對於自己最親愛的人，至少也要用「科普」的精神讓他們知道你在做什麼、可能會煩些什麼，不能將另一半排除在外。

另一個「沒事」就是雖然有事，但這件事不能告訴你。什麼，夫妻不是要彼此cover的隊友嗎，有什麼事不能告訴我？除非是做了「見不得人」的事，尤其是「見不得我」的事，那我當然更要打破砂鍋問到底了！難道還真的以為擺個兩天過去就真的「沒事」嗎？他沒事我可有事，今天晚上拚著一夜不睡，也非要威脅恐嚇兼刑求讓對方招供不可！

有事不承認就已經該抽了，居然還來一句「你想太多了」，我不想誰幫我想？我們察言觀色，推敲斟酌，知道眼前說這句話的人「涉嫌重大」，要求他（她）「坦白從寬」，居然還敢抵死不招，再反咬一口是我想太多了！你一碗飯吃不到兩口是我想太多嗎？你連最愛看的球賽都不看了是我想太多嗎？你無緣無故罵孩子是我想太多嗎？還有還有，你內衣穿反了回家是我想太多嗎？

就算真的沒事（千萬分之一機會），你也應該溫柔地說：「我沒事，就是情緒不太穩定，過一會兒就好了，親愛的你不要擔心好嗎？」就算是鬼話，起碼還聽得進去。

對策

你沒事我有事，我馬上條列你今天的異常言行，請你一一詳細解釋，如果說的我滿意了，那你真的沒事；要是無法交代清楚，拍謝啦，我、很、有、事！

PART 2

我站著講話不腰疼

「你想開一點」

用法：要安慰無法安慰的人時，請用。

有人遭遇了不幸的事情，例如得到重病、遇人不淑，又或者失去親人，甚至重大的財物損失……勢必會變得鬱鬱寡歡、自怨自艾，或者成天憤怒……總之，日子很不好過就對了。

而這時做為親人、朋友、同事或同學的我們，常會不假思索地勸慰對方說：「你想開一點……」

這是一句最沒有用、聽了讓人甚至火大的話，道理很簡單：我如果「想得開」，還會是現在這個樣子嗎？我想得開，該生的病就不會生了嗎？該失去的人就不會失去了嗎？該丟掉的錢就不會丟掉了嗎？這句話根本一點用處都沒有，至少你告訴我這個病會好、那個人會回來、那筆錢會失而復得……如果都沒有，我的「傷害」已經那麼明顯了，你還叫我「想開」，怎麼想？怎麼開？

換了是你，難道你就有辦法「想開」？就是因為事不關己，你才故作好心地在那邊要我「想開一點」，我要是想得開，早就高高興興地去上班、上學、遊玩、睡大覺了，我幹嘛在這裡垂頭喪氣好像死了阿嬤一樣？所以請你無論如何，務必收回這句「你想開一點」的廢話，而且永遠不要再用在任何人身上。

我也不是說你不可以同情我、安慰我，但是對於已經發生的、無法喚回的不幸，你其實不用說什麼，因為說什麼也和「你想開一點」一樣的沒用，你只要在旁邊靜靜地陪著我，聽我說自己的不幸、抱怨世間的不公、憤恨別人的好運……你默默地聽，什麼也不必說；如果我哭，你就陪著我流淚，還是什麼也不說；如果我想自己一個人，你就輕輕地拍拍我，然後悄悄地離開，過些時候，再來看看我「好了一點沒有」——不要用問的，只要用看的、用關心的就夠了。

總而言之，不要雪上加霜，叫我「想開一點」，我一點都不想想開好嗎？

對策

開什麼？開心？我的心都碎了，要怎麼打開？

「時間會解決一切」

用法：想安慰人又無話可說時，就拿這一句說吧！

人活在世上，總有挫敗、受傷、失去珍寶的時候，這時候當所有自我安慰的理由都想不出來時，就有人會冒出一句：「時間會解決一切。」好像所有的傷痕都會結疤一樣，而所有的傷痛也將深埋在時間的洪流裡，一去不返。

但這是不可能的：你沒考上理想的學校時，時間不會幫你解決，除非你發憤再考上，否則你就永遠不會是×大校友；你沒找到理想的工作，不管時間過得再久，你還是在那個「吃不飽、餓不死」的位置上醉生夢死；你沒追求到心愛的戀人，就得看著她投入別人的懷抱，建立幸福的家庭來對照你的孤單寂寞覺得冷，時間也不會幫你解決。

時間頂多幫你遺忘，但是少了一隻手臂，你怎麼可能過幾年就忘了？那個「空缺」是永遠存在的呀！失去了心愛的人，又怎麼可能雖死猶生，那個「空缺」也是永遠存在的呀！而且只要你還在生活，就隨時隨地不必提醒也知道你缺少了什麼、失去了什麼，即使十年、二十年你也很難忘記，因為那是你生命中真正重要的部分。

所以，要靠時間來治療是沒有用的，唯一有效的方式是另起爐灶：重新考上我沒考上的學校、另外找到更理想的工作、轉身去追求更值得追求的人。就算少了一隻手臂，也要好好運用我的義肢，一切如常；就算心愛的人已逝，我也要把他們放在心底，過出足以讓他們引以為傲的日子。這一切，都是從頭開始、另闢蹊徑，而不是消極地等待悲傷沮喪的日子過去，已經不可逆的一切不能只靠時間、只靠遺忘就會失去它的殺傷力。

盡量減少自怨自艾的時間，早一天奮發圖強，即使不能得到原先最理想的成果，必定也有甘美的果實可嘗。

對策

時間會解決什麼？時間拖得越久，我的失敗越明顯；時間拖得越久，我的傷痛越深入。只有丟開現在（的時間），走向未來，才可能解決！

我能體會你的心情……

用法：身邊人遭逢不幸或失敗，我們束手無策時可用。

我們都說人要有「同理心」，尤其當別人發生不幸或遭遇失敗時，不該人云亦云地責備他（她），反而應該設身處地著想，此時最容易脫口而出的話就是：「我能體會你的心情。」

對不起，我很感謝你的好意，想安慰我、鼓勵我、給我打氣。我能不能重新站起來，現在還不知道，但是我必須要說：「你不能體會我的心情。」

因為你畢竟沒有「身歷其境」，你沒有像我一樣落榜、失業、被劈腿、被詐騙、身患重症，或是失去親人……你自以為能體會我的心情，但你並沒有跟我一樣的遭遇啊！你去哪裡體會的呢？從小說嗎？從電影嗎？從別人的經驗嗎？從你自己多愁善感的心嗎？沒有被刀子割到，就不知道切膚之痛，你甚至不可能體會我的感覺，更不要說是我的心情了。

退一萬步說，就算你有跟我類似的遭遇，也不表示你就能體會我的心情。

你落榜了，也許補習一年重考就行了，我卻必須馬上面臨失學和失業的困境，而且我家經濟也不是太好，了解嗎？你失戀了，也許痛飲（或痛哭，飲酒過量有害健康）一場，振作精神再找一個對象；但我是交往十幾年的情人被橫刀奪愛，而且我的條件比你差很多，很難再找到理想的對象好嗎？

當然每個人都會失敗，但每個人失敗的心路歷程和復原能力都是不一樣的，所以就算經歷類似，心境也未必雷同。你只要靜靜地陪著我，聽我哭訴或不發一語，等我度過難關就好了，千萬不要自以為是地說「我能體會你的心情」，然後給我一頓不切實際的「安慰」好嗎？

對策

我不相信你能體會我的心情，我被人家騙了兩百萬耶！要不然，你現在拿兩百萬給我不用還，我就相信你「真的」能體會我的心情。

「做你自己就好，不要管別人怎樣」

用法：對成功的人可以說，對魯蛇盡量別說。

這大概是跟「活在當下」並列第一、第二名的勵志語錄了，「做你自己」，不要在乎別人的眼光、父母的期望、朋友的意見、愛人的想法……想幹嘛就幹嘛，多好！

但你「自己」是什麼呢？現在的你的思想、觀念、行為、態度、興趣、癖好、習慣、氣質……哪一樣不是從小被「別人」慢慢養育教誨而成的呢？如果沒有父母、沒有師長、沒有朋友，你還會擁有這樣的「自己」嗎？

照這樣看來，真正有全部的「自己」的，只有剛出生的嬰兒，因為除了求生的本能，他們什麼也不會、什麼都不想、當然也不在乎任何人的反應，他徹頭徹尾地在「做自己」。

而我們卻抱著一個已經不知道還剩下多少的「自己」，強調不要在乎別人對你的看法、態度或影響？真的可以嗎？明天早上可以不跟嘮叨的爸媽說一句話就出門嗎？明天白天可以不跟任何同事（或同學）交換任何意見就把該做的事做好嗎？明天傍晚可以把自己打扮得像街友或炫富狂人在路上走來走去、絲毫不顧別人的眼光嗎？明大晚上回到家，你可以對著嘮叨的爸媽或兄姊，大聲地說：「閉嘴！別管我！我要做我自己！」嗎？

所以你現在弄清了兩件事：第一，世界上是沒有真正、完全、百分百的自己的，所以，你做不到自己。第二，世界上沒有人是真正、完全百分百排除別人的影響而照本身的意念行事的，所以，你做不了自己。

「做你自己」只是一劑暫時的麻藥，讓你在現實中感到困擾、疑惑、矛盾、茫然的時候，在你聽到許多人不知所云的意見不知如何選擇的時候，給自己打上一針：「做自己！別管他們！」——呃，至少過一小時再管他們好了。

對策

好啊！那請你告訴我一下，要怎樣做自己？哦，要這樣；哦，要那樣……咦？我為什麼要聽你的？我不是要做自己嗎？

「不要想那麼多，我們要活在當下」

用法：別人猶豫不決時，可用；自己舉棋不定時，勿用。

「活在當下」和「做你自己」，大概是所有雞湯書的兩大主題，缺一不可……「做你自己」我們已經在上一篇「開示」過，現在來看看這個膾炙人口的「活在當下」廢不廢？

有一句聽來很「哲學」的話：「生命有多長？就在一呼一吸之間。」沒有錯！只要一口呼吸停了，生命也就終止了——從這個角度來說，我們每個人的確都是活在當下的。

但用這句話鼓舞（或蠱惑）你的人，意思是叫你「及時行樂」、是叫你「不顧後果」，換言之就是「豁出去了」。聽起來很爽，做起來也不難，但下場恐怕很慘。

我是很想活在當下呀！我想通宵唱歌跳舞狂歡，但明天帶著黑眼圈上班碰到老闆，我的位置還保得住嗎？保不住位置沒了收入，我還能唱歌跳舞狂歡嗎？

我想近水樓台先得月，對身邊這個女性下手，管她什麼兩情相悅、什麼安全性行為……過不了多久她挺著肚子來找我，甚至要告我性侵，我還能先「得月」嗎？恐怕是先「淹水」吧？就算「有錢就能任性」，也有不少任性的有錢人被關起來的例子，所以我們做人行事還是不能不瞻前顧後的，「活在當下」只有身邊都沒有人的時候適合。

年輕時擔心考試不好，上班後擔心考績不好，結婚後擔心薪水太少，年老了又怕退休金不保……所謂「人無遠慮、必有近憂」，什麼都不考慮、不憂愁、不煩惱，想幹嘛當下就去幹嘛的人，通常都是莽莽撞撞毀了自己半生。

我們活著，除了當下，還要和美好的記憶一起活，還要跟未來的願景一起活，不是只有這一口氣而已，覺悟吧！

對策

對啊，別想那麼多，想幹嘛現在立馬去幹嘛，反正所有的後果、報應甚至懲罰，也都是自己再過些時候的「當下」要承受的呀！

有夢就去追

用法：對無關緊要的人，可用；對至親至愛的人，勿用。

這本書全部內容可能引起的最大爭議，應該就是這一句吧！

因為多年以來，我們已經被灌溉了太多「雞湯」，有夢最美、築夢踏實、追求夢想是人生唯一的路、你要大膽實現夢想……聽起來都很正向、正確啊，那有什麼問題呢？問題就在那一個「夢」字。

你是否也常常對人說：「別做夢了！」因為大家常做夢，也都很清楚美好的夢境，是不會在真實世界中發生的，不然怎麼會叫它是夢呢？

那既然是不會發生的，我們光「想」又有什麼用呢？所以台語說「空思夢想」，心經說上說「顛倒夢想」，都說明了夢想之所以被稱作夢想，就是因為被實現的機會微乎其微，你用盡全力、賭上一生去拚它是不值得的！

那該怎麼辦呢？就向現實妥協嗎？就跟著別人庸庸碌碌、汲汲營營嗎？也沒有那麼慘啊！你該有的不是空洞的夢想，而是明確的「理想」——我希望自己成為怎麼樣的人、我希望做到什麼樣的事、我希望對社會有什麼樣的影響等，有了明確的目標，就朝著這個目標堅持努力、付出一切，一步一腳印地去完成這個理想，就算有生之年不能完全達到，但至少你是實實在在地「走」在理想的道路上，而不是癱在床上，兩眼無神、一臉空洞地白問：「我的夢想到底哪一天才會實現啊？」答案很簡單：夢想就只有在夢中才會實現呀！

借一句大企業家的話給你參考：「我沒有夢想，我只有計畫。」

對策

有夢？誰都有夢呀！我還夢見自己中了彩券、辭掉工作去環遊世界呢！但是「好夢由來最易醒」，醒了又該怎麼辦呢？

「你只要努力，一定會成功的」

用法：事不關己、不想負責的鼓勵別人的方法，很好用。

人生中總有一次又一次的失敗，考試失敗、求職失敗、戀愛失敗，失敗真是從小陪伴我們的好朋友，而據說失敗為成功之母，所以我們認識這個「失敗」媽媽很多年之後，一直期待能碰到「成功」這個孩子。

但成功是不容易的，所以有人來告訴你：光是靠「失敗」這個媽媽不夠，還要加上「努力」這個爸爸，你得在次次失敗之後，多多地努力，就「一定」會成功的。

問題就在這個「一定」上，每年各種考試那麼多考生，相信絕大部分是努力的，但錄取的名額有限，所以「一定」有人是「不成功」的，甚至連續好幾年都落榜的也大有人在，這時候「努力」恐怕不是唯一的辦法了。

就像在文昌帝君廟，大家都把准考證的影本和紙錢（這算是賄賂嗎？或許在天上送紅包是無罪的吧）擺上，那麼虔誠的祝禱，可是文昌帝君的政務繁忙、日理萬機，難道每一個考生的殷殷呼喚祂都聽得到嗎？難免會「漏勾」（台語：漏掉）幾個，而這幾個不努力了嗎？並不是。

尤其你做的工作越困難，就越需要認真、拚命、奮鬥、奉獻、犧牲……根本就是集一切努力的綜合了，但有誰保證能成功嗎？沒有耶。大家一天到晚舉比爾．蓋茲、祖克柏、巴菲特這幾個例子，卻舉來舉去都是這幾個，不正好證明了成功的人之少、努力的人之冤枉嗎？

所以，不努力是一定不會成功的，但努力也絕不保證成功，也要看你的天賦夠不夠、方法對不對、運氣好不好……甚至是不是走對了路，你看每年學測那些成績特優的，都沒有睡眠不足、都照樣參加課外活動、也都沒有額外補習……如果說其實「聰明」比「努力」更重要，你會難過嗎？

對策

真的喔？那你也一定努力過了嘛！很努力？我相信。但你怎麼沒有很成功？你要不要把這句話好好想一遍再說。

「其實結果怎樣沒關係，重要的是過程」

用法：對失敗者，安慰用；對成功者，假清高用。

這句話也是用來安慰人的，不過通常都會惹火了被安慰的人，能不用就不用，以免弄巧成拙。

做一件事，尤其是為了它努力、犧牲、奉獻，甚至付出一切，當然就是為了得到期待的結果。結果你現在跟我說重要的是中間吃苦的過程，最後有沒有得到甜美的果實沒關係，是怎樣？把我當自虐狂嗎？

我努力念書、放棄一切娛樂、忍受各種壓力，就是為了考上台清交，結果你跟我說沒考上沒關係，這個奮力苦讀的過程比較重要，難道是在說我的青春就這樣連燃燒一下都沒有，就白白地枯乾、耗損掉了，這才是最值得的？我白讀了那麼多書才是最有意義的？

我追求異性，不惜砸錢（或使出渾身解數），飯吃不下連覺都睡不好，甚至為了對方改變自己的個性、放棄夢想，就為了他（她）的一顆心，結果你跟我說對方接不接受、理不理我不重要，重要的是我吃盡了苦頭、鬧盡了笑話、使盡了全力，到頭來還是單身狗一個（而且比以前要貧窮、更寂寞了），這樣才值得嗎？

我奉公司命令去爭取客戶，我日夜拚搏、卑躬屈膝、受盡委屈、不顧一切，最終還是沒得到客戶的青睞，在我面前的只有一張空空的桌子、一份空白的合約、以及累到哭不出來的我……你再跟我說結果沒關係、過程才重要，我就一棒打死你！

沒有結果，哪來過程？不為結果，何必過程？我可以承認自己努力不夠、才華不足、運氣不佳、人緣不好……但你不要跟我說這些都不重要，因為我已經發現常常說這些「風涼話」的人，都是已經得到結果的人，他們在可憐我們這些沒結果的，才會跟你說「結果不重要」，屁！

對策

對啊，照你這麼說，我努力讀書累個半死，最後根本就不要參加考試好了——這就是你說的「結果不重要」啊，我有這些辛苦努力的過程，就該心滿意足了！靠，我是瘋了嗎？

「天涯何處無芳草」

用法：對失戀者，可用；對被失戀者，勿用。

最需要安慰的，也許就是失戀的人了。因為失去的物品可以再買，失去的錢可以再賺，輸掉的比賽可以再努力，而失去的愛人很可能一去不返了。

所以我們不太會鼓勵失戀的人，再對同一個目標努力看看，因為那很可能是白費工夫、自取其辱。於是我們就假設他（她）不是為失去「愛人」而痛苦，而是為失去「戀愛」而痛苦——這就簡單了，再找個人戀愛不就行了？

因此我們就無關痛癢地冒出「天涯何處無芳草」這句聽來有理、實際上廢到不行的話來了，有些書讀得多一點的人還會加上「何必單戀一枝花」，這更是雪上加霜，讓被安慰者出奇地反感——因為這話一點用也沒有，卻無從反駁。

天涯當然處處是芳草啊，整個地球還有一半是異性呢！（若是同性戀也一樣，有35億可能對象；雙性戀的更恭喜，有70億個可能對象），問題是這些人跟我一點關係都沒有啊！我唯一認識、喜歡、了解、付出又失去的那枝草、那朵花已經沒了，你要去哪個「天涯」隨便找一個芳草來給我，讓我又再重複一樣的順序：認識、喜歡、了解、付出……如果結交異性朋友像等捷運那麼容易，像傳個LINE那麼方便，也就不會有那麼多人為了失戀而難過、失聲痛哭了好嗎？

與其用這麼空洞的話安慰對方，還不如陪他（她）狂喝一回、或痛哭一場，那都比含混迷糊地告訴對方：這世界上還有很多你會愛、也會愛上你的人，而且，很容易、很快就會再找到的……拜託，你當我是單純「約炮」？還是「一夜情」啊？我可是認認真真地談戀愛，而且確確實實地失戀了啊！不要再說風涼話了好嗎？

對策

是哦？那你告訴我，現在哪裡有屬於我的那枝芳草？我立馬展開追求，再談一場轟轟烈烈的戀愛，絕不辜負你的「美言」。

「女追男，隔層紗」

用法：鼓勵女生，可用，但無效；鼓勵男生，更無效。

這句話的上一句是「男追女，隔重山」，這個我們不予討論，雖然說現在保守、矜持的女性已經少很多了，但要擄獲自己喜歡人的芳心，的確不會比爬一座山輕鬆。

但相對的，女追男難道就容易嗎？在過去或許還有一點道理，女生自己送上門來，男生又不怕吃什麼虧，何樂而不接受？然而時代轉變，就算女生主動，男生也要遲疑一下：蛋幾壘（台語：等一下），她想幹嘛？我真的跟她怎樣了，現在看起來是情投意合，但事後會不會挖坑給我跳？到時哭哭啼啼說她醉了不省人事，那就坐實我一個「乘機性交罪」，危險呀危險。

就算不是那麼直接，她只是對我表示好感，但我也不一定看得上她（我們男生也有原則、也會挑的好不好？），那又何必浪費時間來交往呢？我知道她可能很有內涵、很有才華、性情很好，可是我光外表就看不上：顏值不高、曲線不佳，四目相望沒有吸引力，而且……年紀有點大，是啦，是跟我一樣大而已，但你知道我們男人的「專情」嗎？我們年輕的時候，喜歡年輕貌美的女孩；我們年紀大了以後，還是喜歡年輕貌美的女孩，可說是始終如一。所以如果女生堅持「男大女小」、那女人年紀越大、對象越少，而我們男人年紀越大、對象會越多，我們沒有「時間壓力」，可以慢慢撿、慢慢挑，對於自己主動的女生，未必就會放低我們要求的水平。

還有一種男人更「難搞」，他們覺得談戀愛太費事、費錢、費時間了。有那個精力不如好好地用來打遊戲追動漫，既不會受傷、也不會被拒絕，而且一點也不辛苦，聽聽他們的吶喊聲：「女生，別來跟我交往，要跟我打game，歡迎！」

對策

女追男恐怕不是隔層紗，而是隔著堅韌的不織布了，我看這年頭男生跑得快、很難追，還是設陷阱、下圈套才有機會逮到一個！

「你是個好人，但是我要離開你」

用法：想分手又實在找不到對方缺點時，可以用。

世界上最好用的是什麼卡？是別人付錢的副卡。世界上最難用的是什麼卡？就是「好人卡」。

雖說人人都應該做好人，但就是因為好人如此普遍常見，當你稱讚一個人是好人時，跟說我是哺乳類靈長目也沒什麼不同，既不會引起我的好感，也不會得到別人的尊崇。感覺反而很像是因為這個人一無可取，你才只好用這個可有可無、不痛不癢的形容詞送給我。

我跟你在一起也有一段日子了，在這段時間我盡其可能地對你好，盡量表現我的優點，全力滿足你的需要，你大概也以異性朋友或情人的身分對我——否則要如何解釋我們曾經擁有的那些美好時光？那些心動的時刻？難道只是兩個「好人」為了「好玩」在演戲、在家家酒嗎？

如今你想要拍拍屁股離開、想要投入別人的懷抱，還不如老老實實說我有什麼缺點、有什麼不足、有哪些地方讓你不滿意、對我們的未來如何不放心，所以你不再「錄取」我了。至少我不是死得不明不白、也知道問題到底出在哪裡，或許下一次我會懂得改善。如今你卻不負責任地丟一句「你是個好人」給我就要落跑，難道這些日子以來，你對我的評價，就只有這一句嗎？這是我在捷運讓座、扶老太太過馬路都可以得到的稱讚耶！

而且後面接的是「要離開我」，你先誇我一句、再打我一巴掌，如果因為別的理由你要離開，那你要講清楚，「不教而殺謂之虐」，國文課總上過吧？你離開我的原因真的只因為我是「好人」，那難道你想去跟「壞人」在一起嗎？這對我公平嗎？

愛裡面或許沒有公平，但不管離合，至少應該真誠。

對策

等一下！我不是好人，如果我是好人你卻不要我，那你也不是好人！那就讓我們兩個「不是好人」繼續在一起吧！

「一定要幸福喔～」

用法：對別人不用說，對自己可以偷偷說。

這句話聽起來很窩心，想起來很無趣。

大部分的人會在婚禮時用這句話來祝福新人，而且大多數是女生祝福新娘的話（我如果對要結婚的男性友人說這句話，他可能會罵我娘炮吧？），新娘當然也欣然接受，因為那時她還被新婚的狂喜沖昏了頭，還沒有醒過來。

等到時間過去，她拖著原本興奮現在疲憊的身子，如果還有力氣想一想話，一定會開始懷疑：為什麼一定要幸福呀？幸福是我想要就一定有的嗎？

換句話說，我簽名蓋章的是結婚證書，不是幸福保證書，這兩個字可差得多了！我怎麼知道結婚之後我們兩個處得好不好？他會不會因為工作勞累而忽視我？我會不會因為每天一起生活而厭膩他？我們會不會越來越沒有激情、越來越行禮如儀了？就算生了孩子，他會不會是個不盡責的爸爸、我會不會是個沒耐心的媽媽、教養小孩的壓力會不會把我們壓垮……

就算這些多餘的擔憂都沒有發生，就算我心裡小小的幸福沒有被奪走，但是，他會不會變心、劈腿、外遇，最後離我而去？聽說「天下的男人都是一樣的」，我怎麼知道他會偏偏是個不一樣的男人？還是說，他就是那樣的男人？那到時我應該委曲求全、還是果斷離去？但不管怎麼樣，日日夜夜擔心著不知道幾時會回家、回了家又是否還愛我的男人……這樣的日子，你要叫我如何幸福？

還是你們應該去跟新郎說：「你一定要讓她幸福哦！」他若不肯承諾，當場把他痛打一頓也可以；他如果承諾了，我也知道沒有用，他連自己能不能幸福都不知道，還妄想「一定」、妄想給我「幸福」嗎？

「一定要幸福喔～」那個輕飄飄的「喔～」字，正好說明講這句話的人誰也不當真、誰也不鄭重，聽聽就好。

對策

好啊！我一定要幸福的，你們也一樣，不管有沒有嫁人、有沒有嫁對人，反正大家都一定要幸福喔～

祝福你們白頭偕老

用法：包了錢，也吃了東西，拿糖果時禮貌上還可一用。

這麼一句人人在婚禮常用的「好話」卻被我當成「廢話」，你一定覺得苦苓這個人太消極悲觀、充滿負能量吧？

但是說祝福的話也要實際一點，例如人家根本不想生（或更慘，想生而不能生），結果你開口就祝人家「早生貴子」，那不是觸人家霉頭、甚至語帶諷刺嗎？

那兩個人既然結婚了，當然希望是天長地久，祝人家白頭偕老有什麼不對呢？但你知道這時代離婚率有多高嗎？每三對結婚的人中就有一對離婚，所以對方要白頭偕老的機會並不高，你這種祝福可能會令新人表面客氣感謝，其他人卻在心中冷笑：「是嗎？你確定他們能混那麼久嗎？」

那你說兩個人至少有三分之二的機會不離婚，那不是好事嗎？祝福一下又如何？但你沒聽說過「一個人孤單是寂寞，兩個人在一起還覺得孤單，那更是寂寞」嗎？即使不離婚也不表示兩人相處融洽，甚至早已形同陌路、水火不容（否則無性夫妻為何那麼多？）只是為了責任、為了道德、為了社會壓力、為了父母期望、為了照養孩子，不得不在一個屋簷繼續相處下去，是白頭了，是偕老了，但恩愛並沒有與日俱增，反而日漸隨風而逝……這樣的白頭偕老可多了，但有意義嗎？值得祝福嗎？

很多人把離婚視為失敗，但如果明明婚姻不好，卻死守著不敢離開，那豈不是更失敗？因為你連再去尋求幸福的機會和勇氣都沒有！所以請平心靜氣地想一下：「白頭偕老」實在很可能做不到，那還要祝新人「白頭偕老」不是跟祝「萬壽無疆」一樣的空洞而荒謬嗎？

讓我大膽改一下：祝你們「好聚好散」！（欸，別打我！）

對策

謝謝哦，但您的祝福不會實現的。第一，我們不喜歡白頭，一定會去染髮；第二，我們也不一定偕老，可能有人先「走」（有兩個意思），您就別費心了吧！

「妳真是個女強人」

用法：碰到厲害的女生時，男女都可口是心非地用。

被稱讚是女強人，應該像驕傲的孔雀一樣得意，怎麼還認為對方的話有問題呢？

有問題，真的是大有問題：首先，要說我是強人是ＯＫ的，但為什麼要加上個「女」字呢？有人稱讚哪個男人是「男強人」的嗎？沒有嘛！所以「女強人」的潛意識就是：強人本該都是男的，妳「這個女人」居然也強?!所以特別稱讚「女強人」，骨子裡是帶著性別歧視的。

接下來，這個「強」也未必是稱讚哦！因為刻板印象裡，女生應該是軟弱、順從、溫柔似水的，而妳居然恰恰相反，所以妳個性可能倔強、脾氣可能暴躁、外表可能陽剛、手段更可能像男人般狠辣，說「女強人」是修飾過的，比較想說的應該是「女漢子」甚至是「男人婆」吧！

先訴求了妳「不像女人」之後，還要再罪加一等：妳既然是女強人，想必事業做得不錯，而家庭與事業是很難兼顧的；妳既然事業成功，一定是未婚或失婚，在做為女強人的同時，還是一個「大齡剩女」或「單身狗」。而如果妳不但已婚還有小孩的話，以妳事業的成功，妳一定沒有盡到賢妻良母的職責，妳一定沒有親手為先生準備早餐、為孩子準備便當……是了，妳一定請得起傭人嘛！妳的老公小孩，都是別人幫忙照顧的；換句話說，妳雖然事業成功，卻是個失職的家庭主婦！

為什麼要把那麼多不好的「假想」冠在妳頭上呢？在男人來說，妳能夠跟他平起平坐、平分秋色，他已經不爽了，少不得要損妳一下；在女人來說，如果她只是單純的家庭主婦、或普通的上班族，對妳難免有些眼紅，下意識地做些負面的臆測、說幾句難聽話，也算是人之常情吧！

對策

我是女強人嗎？那你認為男人就該強、女人就該弱嗎？沒有？男女平等？那好，那我就是成功的女人，強不強，我自己知道，不用你多說。

現代女性如何兼顧事業與家庭

用法：男人碰到女人能力強時，刁難用。

如果我沒記錯的話，北一女的校歌有一句「齊家治國一肩雙挑」，非常有現代女性強大的氣勢。但我總忍不住想在後面加一句「一根蠟燭兩頭燃燒」，別怪我洩氣，因為這實在是太辛苦了，而且大部分男人也做不到！

成功的男人最喜歡娶什麼樣的女人呢？漂亮，聰明，學歷高，家世好，娶來幹嘛呢？偶爾帶出來「炫耀」之外，就是窩在家裡做家事，然後開始生孩子、而且最好生男孩子，然後只要把這些孩子管教得好好的，別讓老公煩心，這個老婆就算娶對了！

可是如果老婆也有才華、也想發揮、也想創一番事業時，記者的麥克風就「堵」過來了：「請問妳現代女性要如何兼顧事業與家庭？」好像說妳事業越成功、家庭就越顧不到，所以妳的成功還是於心有愧的，那就奇怪了！為什麼從來沒有人問現代「男」性如何兼顧事業與家庭呢？

一樣要拚事業，男人就可以全無後顧之憂；女人就得首尾兼顧、缺一不可，請問這算什麼男女平等？這擺明了是嚴重的歧視：家庭，是女人的事，妳要是想闖事業，得把家庭、小孩甚至父母都先顧好了才行！難怪我們的女性企業家比男性少那麼多，因為她們根本是在不公平的環境下奮鬥的。當老公偶爾大發善心幫忙洗兩個碗、抱一抱小孩時，有些女性還會喜孜孜地說：「有啊，我老公都有『幫』我做家事。」

奇了怪了，家不是兩個人共同的嗎？因此家事不就該是兩個人共同的事嗎？怎麼現在倒成了女人一個人的事，男人做一點就是來「幫忙」的了？

呼籲女生如果自己不在理念上徹底反轉、不再拒絕被問「如何兼顧」的問題、不向另一半爭取平等的工作權利與顧家義務，那就只會繼續地被男人、被社會「暗中欺負」下去了。

對策

兼顧事業與家庭，不難啊！我把事業顧得好好的，跟我同一個家的男人，會和我一起把家庭顧得好好的，同時他也把自己的事業顧得好好的，這是三贏的局面呀！

「幹嘛嫌公司不好，辭職就好啦」

用法：想叫人不幹時，可用；自己不想幹時，更可用。

朋友在一起，除了互相打氣，另外互相「丟垃圾」的功能也是很重要的。尤其公司裡有一個慣老闆、一群豬隊友還有一堆爛規定，當然會常常讓人不得不抱怨幾句，而聽到抱怨的人，只要同仇敵愾跟著責備老闆、同事和公司就可以了，千萬別來這一句：「幹嘛嫌公司不好，辭職就好啦！」

我當然知道可以辭職，辭了職我就不必被老闆壓榨、不必被同事霸凌、更不用受公司的鳥氣……但我辭職了也就沒有工作，沒工作就沒收入，沒收入就沒法生活……那叫我如何在滾滾紅塵中活下去？讓我拿什麼臉回去面對家人？朋友問起工作狀況我何言以對？鄰居關心我怎麼年紀輕輕不上班又如何作答？你說得輕鬆、我想得嚴重，甚至不敢想失業之後的悲慘下場。

當然我可以找工作，但這年頭找工作容易嗎？經濟不好也不是三兩天的事了，企業外逃也不是讓人吃驚的事了。平均收入據說有五萬、但大部分人只拿到三萬，你說以我這個本事有限、論資歷更有限的「前員工」，能夠找得到什麼了不起的新工作呢？老實告訴你，我如果那麼有本領，早就把慣老闆、豬隊友和爛公司踢在一邊，另尋高就去了，我之所以待在這裡「靠么」，就是因為沒有本事離開這裡呀！要是聽了你的話說走就走，把自己搞成了無業遊民，那就真的要「靠北」了！

嫌公司不好，表示我還在意這家公司、還離不了這家公司；就像我們嫌配偶不好，也不表示就有離婚的打算呀！否則離一離就好了，還需要嫌什麼嫌？這都是一樣的道理。

對策

辭職？好啊！那你要負責幫我找工作、還是要「包養」我呢？不然你怎麼勸我自毀生路？這樣你算什麼朋友？

「我跟你講的都是秘密，千萬不要告訴別人」

用法：想要讓一件事件快速傳播出去時，請用此法。

這種人最可惡，當我們聽到類似這樣的話時，第一時間應該馬上走開，從此不要再跟這個人交談。

因為我們要尊敬「秘密」兩字，這比「個人隱私」還嚴重；隱私這東西你也許不介意我知道、不在乎被臉書偷去賣錢，但之所以叫「秘密」，就是你絕對不願意讓人知道的事，不管是羞恥也好、是挫敗也好、是不堪的往事、甚至可能重大破壞目前生活的事也好，總之不能讓任何人知道。

但背負著重大秘密，的確是一件孤單又而沉重的事，所以會找一個像你這樣熟悉、可靠、信得過的朋友至交，傾吐完秘密之後一定也會跟你講這一句：「我跟你講的都是秘密，千萬不要告訴別人。」

而你，受人如此的信任與重託，本該感激涕零（沒那麼嚴重啦！但至少是受寵若驚），就以維護這個秘密為畢生最重要的職志，對方在「冒險」洩密給你時，等於親手把可以殺了他（她）的刀子交給你，雙眼可能還含著淚光……

沒想到你一轉身就「出賣」了我，立刻原封不動甚至加油添醋地把秘密傳播出去，但被「授權」知道秘密的只有你，並不包括你擅自決定的其他人。而且你洩密的縱使是你「信得過」的人，卻可能是我根本「不認識」的人，要如何安心？而若你洩密的對象根本沒有挑選，只是剛好聽你講話的人，那不用說，72小時內，這個「秘密」早已成為四處流行的「八卦」，而我所受的傷害之巨大、之致命，可能讓我恨不得殺了你！所以我對你說這些是廢話，你對別人說這些也是廢話，別人再對別人們也可能說這些，當然也是廢話——私密一旦離開任一張嘴巴，它就成了公開的新聞而不再是私密了！

對策

等一下！你確定是秘密？不可以讓任何人知道？那麻煩你也不要讓我知道，我也是「任何人」之一，而且老實說，我跟「一般人」一樣，一點保密的能力都沒有。這個天大的秘密，為了你好我好大家好，還是請你自己「享用」吧！

「我早就跟你說過了」

用法：我們僥倖說對了別人卻未採納時，可用。

我們做事情常有猶豫不決、難以評斷的時候，這時就會請教別人的意見，如親人、如朋友、如同事，甚至有時候我們只是看起來很煩惱，還沒開口，就已經有人自告奮勇、鉅細靡遺地告訴我們該如何如何了。這些意見林林總總，我們可能都不採納，最多也只採納一個，但總是心懷感激的。

但事情如果順利進行還好，萬一結局不如所料的理想，這當然是很大的挫折，我們不免覺得灰心喪志、一生充滿挫折，這時候最不想聽到的一句話就是：「我早就跟你說過了。」

失敗者需要的是安慰，而不是加倍的打擊，你講這一句意思就是說我原本有成功的機會（只要聽你的話），結果自己好端端搞砸了，難怪落到如此悲慘的下場，你這是安慰還是幸災樂禍呢？而且聽起來好像還有下一句：「誰叫你不聽我的話，活該。」

而且你不只幸災樂禍，還帶著自傲、炫耀的心理：「就說我比你聰明嘛，凡事就聽我的就對了，現在可好了，失敗了吧？」你提出的建議可以成功，我竟然不聽而失敗，可見你是聰明人、我是笨蛋。我廣聽意見、謹慎行動還是失敗，已經夠沮喪了，你還非要證明我比較笨才甘心嗎？

而且你的建議可能成功，也只是你在事後才應證的，在事前你也沒把握啊！否則你一定抓著我的衣領：「照我說的去做就對了！」所以你也只是「心虛」地提出一點「虛心」的建議，講難聽一點，就看運氣好不好被你碰對了而已。但要是也不對呢？要是我沒聽你的而成功了呢？那你會充滿歉意地說「不好意思，我的建議好像不太成熟」嗎？

更重要的，就算我照自己的想法做對了，我也不會冷酷地對你說：「我早就知道了，一定不能聽你的。」

對策

你是早就跟我說過了，但你為什麼沒有把握你一定對呢？為什麼沒有逼著我照你意思做呢？那我也就不會失敗了，我承認你夠聰明，但是你不、夠、朋、友。

「早知道就不要……」

用法：對自己不要用，無效；對別人更不要用，惹人厭。

人是無法預測未來的，所以對未來的事只能透過想像來猜測，可能會這樣、可能會那樣……畢竟沒有哆啦A夢的時光機可以讓我們到未來看個仔細，所以我們在做任何「選擇」的時候，「賭博」的成分很大。

萬一「賭」對了，結果正如我們預料，甚至比我們想像得好，當然就會非常開心；但萬一「賭」錯了，一切不像想像中那樣，甚至結果非常糟，正在懊悔不已的我們，就會不自覺地冒出一句「早知道就不要……」，這句話當然一點用處都沒有，只證實了自己的無知與無能。如果竟然有人敢用這句「早知道就不要……」來安慰你，那更是火上加油！廢話！如果早知道我還會這樣做嗎？我就是不知道呀！你那麼厲害，跟妙麗一樣聰明，怎麼不幫我「早知道」一下？

孔子曾說：「時間就像流水一樣，當你一腳踏進去的時候，已經不是原來的河水了」換句話說，你永遠不可能把腳放在「同樣的河水」裡兩遍，而已經發生的時光早已過去，是絕不可能重來的。

就因為不能追溯過往，人們在無法挽回之際，才發明了時光機器、穿越劇等種種想像，企圖停在某一個時間點，讓我們回去之後「重新再來」，看看能否彌補些什麼、改變些什麼……但從邏輯上來說，你如果能回到過去消滅自己，那就根本不會有現在的你了，又如何回到過去呢？

所以，事情做了，就是做了，惡果發生了就是發生了，算我判斷錯誤、算我運氣不好；下一次要做選擇的時候，我會更精明些、更慎重些，但無論如何我仍然不後悔。

「千金難買早知道」，真的，這句話完全沒必要說。

對策

早知道？我要是能早知道我也不用辛苦做這些事了，我直接去買彩券不就好了。人生的可貴，不就在於你永遠「不知道」再來會怎麼樣嗎？

「這是你的命，認了吧」

用法：對於老是自覺倒楣的人，乾脆用來讓他閉嘴。

以前我認識一個失婚婦女團體的負責人，她告訴我最受歡迎的是算命課程，我大惑不解，這對婚姻何益？原來是為了安慰這些失婚婦女：「妳的遭遇不好，是因為命不好。」

既然「萬般皆是命，半點不由人」，那也就不用檢討自己做錯了什麼、也不用抱怨對方如何不好，更不須詛咒第三者多麼可惡……在許多電影電視小說戲劇裡，我們很習慣安排對一個厄運連連的人說：「這是你的命，認了吧。」

但人生真的是「命」所主宰的嗎？如果是，那我們幹嘛還要努力咧？反正我會好命嘛，即使我吃喝嫖賭無所不為，最後還是讓我很好命、錢都隨便花生活爽爽過；而如果命不好，再如何努力勤儉、潔身自愛也沒用，反正我就是又窮又魯的歹命人。命，是不可能注定人生的，否則人可以什麼都不要做，等著自己的命來就好了。

當然，有些先天的條件，例如生在富豪之家或是生來有所殘缺，那的確是「命中注定」的，但這並不代表你的一生都需如此呀！你看也有家道中落、敗家乞討的，也有自立自強、殘而不廢的……連沒有雙手雙腳，「五體不滿足」的人都能靠自己的努力走上成功之路，人生又有什麼是命可以阻擋得住的呢？

何況，前面所說的「命」或許是注定、不可更改的，但人可以開創自己的「運」呀，可以讓自己更充實更完備、更能努力追求美好人生——有人得了七種癌症都不放棄、還在跟命搏鬥，他的「強運」正是他屹立不搖的根基。

不要那麼輕易地「認命」吧！天命既不可知，人運又可開創，我們只要努力生活下去，必定會有一線希望。

對策

我不服氣！再說，比我歹命的人多了，他們既然能過得好，憑什麼我不能？我不要認命，我要「抗命」！

錢根本不重要

用法：除了矯情的人，其他人都不能用。

這句話往往是大家討論了有關錢的事許久之後，突然冒出來的一個「結論」，而此語一出，現場當下一片靜默，因為沒有人願意附和，也沒有人膽敢反駁——糟糕，有關金錢的對話「卡住」了，還是換個話題吧！

在這個資本主義、自由經濟的時代，幾乎沒有東西不能用錢買來，有錢日行萬里，沒錢寸步難行，錢怎麼會不重要呢？思索許久之後，發現錢可能對兩種人不重要。

第一種，是錢多得不能再多、甚至搞不清自己有多少錢的人——這種人我們無緣相識、結交，不知道他是否真的視金錢如糞土，但以他這麼汲汲營營地設法賺錢來說，錢對他（她）好像也不是不重要，差別只在於，錢是我們的生活必需，卻只是他們的娛樂工具。

第二種，是完全沒有錢的人，但完全沒錢，就得靠別人接濟。遊民偶爾也會打點零工，乞丐也會在意每日乞討到的錢，要說錢對他們不是那麼必要也許可通，但若說錢對他們根本不重要，那就應該不讓他們工作、不施捨給他囉？好像也不適當。所以，他們也不能說錢不重要。

或許這是對不求金錢回報的志工們說的吧！他們真是不拿任何酬勞、完全免費付出自己的心力、時間，而不在意是否得到金錢——這真的是「錢不重要」了吧？但前提是這些人自己已經有足夠的儲蓄、生活無虞了才能無償奉獻自己，所以說錢重不重要呢？當然重要！你如果沒有錢，不但幫不了別人，還會成為別人、甚至整個社會的負擔。

就像那些熱心捐款賑災的人，他們是因為「錢不重要」才把自己辛苦賺來的錢拿去給別人嗎？當然不是，他們希望錢能夠用在真正迫切需要的人身上。結論是不管你有錢沒錢、錢多錢少，錢，都、是、很、重、要、的，好嗎？

對策

錢對我來說一點都不重要，重要的是——我沒有錢！

錢夠用就好

用法：大家都在講錢時，可以用來表示無關痛癢的一句話。

比起「錢根本不重要」（參見上一篇）這種漫天大謊、違心之論，這一句「錢夠用就好」聽起來就順耳多：一方面勸人淡泊利益、不要整天追逐收入；一方面也勸人知足常樂，同時也應該是說話人對自己的一個提醒。總之，人要「知足」、不要「貪心」，應該沒錯吧？

錯就錯在這「夠用」兩字，到底要多少錢才夠用呢？公教年金被縮減了，退休公教人員喊著不夠用；軍人年金有了「樓地板」，退休軍人還是喊著不夠用；卻沒有想一想你的「樓地板」很可能就是退休勞工的「天花板」，如果你們都不夠用，那他們又怎麼會夠用呢？

有朋友說在台北一個月賺五萬，扣掉房租、水電、吃飯、穿衣、應酬、紅白包，光養自己一個都還不太夠用，差不多是個月光族。我勸他去武陵農場工作，一個月雖然只有兩萬五，但管吃管住，絕對沒有其他花費（因為別說超市，連小七都沒有，想要花錢，至少要開車三小時下山），基本上每月存下兩萬不是問題——那這到底是五萬不夠用、還是兩萬五就夠用呢？

畢竟每個人在不同環境生活，有不同習性、不同狀況，實在很難講多少錢才是「夠用」，而且萬一來個意外事故、健保還不給付，誰知道又要花多少錢？你說每月十萬一定夠用，欸，你知道十萬只能植一顆牙齒嗎？一張嘴巴就用掉一百萬的大有人在，所以你說說到底要多少才夠用？

更可怕的是，人的壽命無法自己決定，就算你照國民的「平均壽命」計算，存夠了退休到往生每個月的花費，萬一「時候到了」卻偏偏不死、又已經無錢可花，那不是更加悲慘？總不能去自殺吧？

所以啊，「錢夠用就好」是空話一句，別再亂講了。

對策

當然錢是夠用就好，但我不知道會不會出什麼意外要花大錢，又不知會活多久花多少錢……你有本事倒是幫我算個精確數目：我的錢要有多少才會「夠用」、才會「就好」？

「有錢人不一定快樂」

用法：有錢人安慰沒錢人可用，沒錢人自己可別用。

這句話好像是千古不變的真理，但其實是千古不變的廢話，因為「人不一定快樂」是鐵定的，除非大家都住在天堂裡。但「有錢人不一定快樂」跟「公務員不一定快樂」、「高中生不一定快樂」、「原住民不一定快樂」都是一模一樣的命題，我們卻特別喜歡「有錢人不一定快樂」這一句，而且在別人提到時，也紛紛熱烈地點頭贊同。

究其原因，是我們大部分都不是有錢人，只是錢勉強夠用，或甚至不太夠花的普通人，因此在這個號稱「人人平等」的社會裡，有些人比我們更加的「平等」就讓我們不爽了——就像每次搭飛機要走到經濟艙時必先通過商務艙，光是看到那個大好幾倍、可以平躺的設施，等一下還有香檳可喝、好菜一道道地出（不像我們永遠被問豬還是雞，好像在被點名似的）、美麗的空姐還會為你蓋上毯子……就不由得在心裡希望商務艙裡有人帶了一個兩歲小孩，從頭到尾嚎啕大哭搞得他們不得安寧——這樣想的時候，我就會為自己在經濟艙裡還得用手臂大力去跟鄰座的人爭搶扶手，感到有點安慰了。

所以媒體特別喜歡報導有錢人的婚禮，去海島、去古堡、禮服幾百萬、席開幾百桌，住的當然也是好幾個億的豪宅，開的是我們畢生積蓄也買不起的名車，讓我們好生羨慕、猛流口水，接著就期待他們婚姻生變、互相控告、搶佔財產、爭奪子女，男的失控發飆，女的歇斯底里；這時候，我們才安心地點點頭：「嗯，有錢人不一定快樂！」

是啊，是有些富人未必快樂，但反過來說也有很多快樂的富人啊！而且在這個笑貧不笑娼的資本主義社會裡，在不一定快不快樂的結局中，你到底希望自己有錢還是沒錢呢？

對策

有錢人當然不一定快樂，但至少他們沒有窮人的不快樂：不用當月光族、煩惱還各種貸款、辛苦工作、甚至走投無路……就算不一定快樂（也不一定不快樂啊！），我還是寧願當個有錢人吧！

PART 3

老人家總是這麼說

「我是為你好……」

用法：無關緊要的情況，不需要；事關重大的情況，不可用。

這種話你一定從小聽多了吧！爸媽講、老師講、長輩講、上司講，連同學同事朋友也講……真的是一個充滿「好人好事」的世界，怎麼那麼多人在為我好，他們幹嘛不為自己好就好了？

會說這一句的人，首先是和你意見不一致的人：你不想做什麼而他（她）卻想你去做，或反之你想做卻不讓做，然後他（她）又沒有充分的理由能說服你，眼看沒辦法讓你「聽話」了，情急之下「我都是為你好」這句殺手鐧就使出來了！

我們很理性地探討一下：以人的本性來說，是先為自己還是先為別人呢？當然是自己，因此我們在這裡嚴重懷疑：嘴巴上說著為我好的人，是因為我照樣行事的結果，能讓他（她）具體得利，或者至少符合其價值觀、道德觀，嚴格來說是為了他們自己好。

再進一步：誰最有權利為自己好呢？當然是我自己，我也是個有思想、有看法、肯負責、肯擔當的人，我自己做的決定最後承受的也是我自己，那麼我不自己決定，卻要聽別人碎念，那不是很矛盾嗎？任何對我好的人，都比不上我自己對我的好，那麼他們又憑什麼來扭曲、改變我的行為，還假裝是「為我好」？

更重要的是：會起這種誰好誰不好的爭執，顯然是還不知道結果，假如說是跳樓、撞車，那我明知結果不好，不用你對我好，我也會做正確的判斷。而若是根本還不知結果（例如事業、愛情）的事，我自己決定自己承擔，萬一後果不好、下場悲慘，那也是我自己活該。萬一聽了他們的話，造成我的不幸結局，誰會來幫我承擔？還是我自己！

所以，別再說「你是為我好」了。

對策

你是為我好？你有什麼權利為我好、幫我決定？萬一聽你的結果不好，你要收拾殘局嗎？要對我的人生負責嗎？

聽爸媽的話就對了

用法：爸媽的話當然要聽，但不一定要照著做。

這一句話有一種比較古早的說法，叫做「天下無不是的父母」，這裡的「是」是「是非」的是，也就是對、正確的意思。但天下真的有不出錯的父母？怎麼可能！既然「人非聖賢，孰能無過」，我的父母只是一般人，當然也會犯錯，怎麼可能說他們沒有不對呢？因此很簡單的就能理解這句話是出自「愚孝」，在這個時代早就說不通了。

現在比較常聽到的，就是「聽爸媽的話就對了」，這個話不是爸媽自己說的，就是老師、長輩等人說的，總之是「上一代」的人說的，「上一代」憑什麼就一定是對的呢？因為他們可以用權勢、地位壓我們這些「下一代」。

這種話通常出現在上下兩代意見不合的時候，而且通常是關於下一代的事（你看，我們多孝順，不會去管爸媽做的事對不對），而且這個事情不在是非（例如去犯法）而在做選擇（例如選擇人生出路），我們當然是照自己的喜好去規劃未來，例如求學、求職、交友、婚配種種，而父母卻依照他們的「私心」對我們頤指氣使。我們若聽了他們的話，以後如果下場不好，是不是都要怪他們「多管閒事」？而如果照我們自己的意思，就算將來不好也是我們「自找」的，無法怪罪爸媽。

所以對於我們的選擇，爸媽可以提供資訊、分析、整理、指示方向……但最後做決定的，還是我們自己，因為，這是我們自己的人生、自己的未來啊！所以親愛的爸媽，謝謝你們的關心、謝謝你們對我講的話，但我如果不能接受，請不要給我來這句「聽爸媽的話就對了」！

試想：當初林懷民如果聽了爸媽的話不去跳舞，哪裡會有後來那麼精采的「雲門舞集」呢？

對策

好，好，我會耐心聽爸媽的話，聽你們講完之後，我會自己做決定，但不一定照你們的意思，因為你們只說「聽」，並沒有說一定要「聽從」啊！

「別人都○○，你為什麼××？」

用法：自己這邊人多時，好用；自己這邊人少時，別用。

在這個時代，要敢做一個跟別人不一樣的人，不容易。連孔老夫子都說過「吾從眾」（我跟大家一樣），何況我們一般的小老百姓呢？再說現在是民主時代，少數服從多數，如果大多數人是A樣，你又怎敢冒被人po網公審的風險來個B樣，那不是故意唱反調、不合作、有破壞團結的嫌疑嗎？

可是除了「少服從多數」，別忘了還有一句「多數尊重少數」，如果是與每個人權益都有關的事（例如要不要啟用核四），那當然得聽大多數人的，可是正如現任的吳姓教育部長（希望本書出版時他還在位，因為他全部也只說對了這句話）說的「學術沒有民主」，難道你要拿牛頓的萬有引力定律來投票？要以票數多寡決定愛因斯坦的相對論對不對嗎？可見得有很多「真理」，是不容投票表決的。

那麼關於你自己的事，就是你的「真理」了，你可以請教別人的意見，也可以完全不管大家的看法；可以和人一樣都〇〇，也可以特立獨行偏偏要××。要反對你的人，必須從理性論道來說服你，而不是仗著人多就霸道嗆聲：「我們都這樣，你幹嘛偏偏要那樣？」

其實所有的創造、發明，都是以前所沒有的，如果我們墨守成規，只照舊有的樣子，那永遠不會有新的創作、發明或新的理論、學說出現，正因為它與眾不同，它才成就其價值。

當然，也許我們沒那麼偉大，只是在一件小小的事情上，不想跟大多數人一樣而已，這也不足固執地要「做我自己」，而是不跟隨流行，想突顯自己與眾不同的過程——雖然可能因此一炮而紅受到注意，也可能黯然失色被人唾棄，但畢竟我們服從自己的意志，做了想做的事，套一句老話：「值了！」

對策

為什麼別人〇〇我們就要跟著〇〇，難道別人一定比較對、比較好嗎？為什麼你不想想我的××才是比較好　比較對的？我還在奇怪大家怎麼不跟我一樣××呢！

「愛之深、責之切，××打你是為你好」

用法：老師不想拿退休金、家長想被起訴時，可用。

如果我們不常使用自己的腦，而習慣人云亦云的話，也會把這句「愛之深、責之切」放在嘴上，卻從不去想一想：它到底有什麼道理？

我小時候念書，到學校最容易挨打：服裝不整齊要打、未帶手帕衛生紙要打、指甲太長太髒要打、站在隊伍裡講話要打……這是「品行之打」。還有各科考試，通通要到標準（最少八十，多到一百），考不夠分的要打，少一分打一下，考二、三十分的就打到皮開肉綻、天荒地老，這是「學業之打」。而老師為什麼打你呢？為什麼要公然傷害你的身體和小小的心靈，甚至留下終身的陰影呢？這都是因為老師「很」愛你，所以就「狠」打你，知道嗎？

而且被老師打了之後，回去還不敢讓父母知道；因為父母一旦知道你今天挨老師打了，既不會安慰你也不會幫忙擦藥，只會不分青紅皂白，再追加一頓好打，因為你一定是做錯事、表現差才挨打。他們再打一頓表示父母是很愛你的！

你看別人不愛你，才不會管你品行好不好、學業佳不佳，絕對不會動你一根寒毛的。

那就奇怪了，美國的父母不愛孩子嗎？怎麼不打呢？不打怎麼他們的小孩還是會學乖、還是肯讀書呢？（而且八成讀得比我們好，不然我們幹嘛去留學？）難道「愛深責切」的原理只在台灣、中國和亞洲有效嗎？

其實「體罰」是最不負責任的教育方式，因為父母老師可能沒有耐心了解孩子的偏差行為，沒有細心認識孩子的弱點，沒有真心想改變孩子的言行，沒有愛心導引孩子的發展，只想著：「我一棍下去，孩子就會乖乖聽話、拚命念書！」打人式的教育誰不會呀？太輕鬆了。

所以不要再被這句話騙了，更不允許任何人傷害你的身體！老師打你，告訴家長；爸媽打你，撥113，別客氣！

對策

愛我？等一下，既然愛我，應該不希望我痛、不願意我害怕、更不忍心我受傷。離我遠一點，不要再打我了！

「青春期的小孩就是叛逆」

用法：小孩聽話時，不用；小孩不聽話時，用，但無效。

哇！叛逆！背叛、反逆，這是要革命、要造反，不得了！而且是我們含辛茹苦養大的孩子要造反革命了，真是令做父母的痛不欲生呀！怎麼會這樣？

問題出在我們的家父長制、出在「小孩要聽話」制，一個嬰兒呱呱墜地，什麼都不懂，由父母、老師、書本慢慢地教，讓他漸漸地成長；成長的不只是軀體，也包括心靈和智慧，尤其是他自己的人格。

在青春期（對動物而言，就是交配期，已經完全成熟了）發展人格的孩子，對任何事情都會開始有一套自己的想法，開始對既定的現狀、規則、慣例感到懷疑，進而想要挑戰，這是人的成長中必然有的發展過程；然而做父母的，卻還沉溺在往日那個聽話乖巧（其實是傻傻不懂事）的孩子，認為小孩怎麼變壞、不聽話了？他們不肯稍稍想一下「也許孩子是對的」、「也許沒必要再這樣管教他」，而是只以「青春＝叛逆」來做解答，所以孩子長大了、不聽話了、就是叛逆了，雖然還不至於大逆不道，但是「有主見的小孩」特別危險，一定要加強管教、建立規範，否則「父不父，子不子」，那還成什麼體統？

但是做父母的有沒有想過：一樣勸戒的話，爸媽講的孩子不聽，別的長輩講的他們就聽，甚至侯文詠、吳淡如講的他們也聽，這不是叛逆是什麼？這正好證明了他們不是叛逆，他們是有清楚判斷力的，只因為父母都用命令、高壓、不容商量的語氣，所以他們為了維護自己初成長的人格，非要反抗不可！你如果好聲好氣、有條有理地以平等態度表達，他們也未必非要處處為難、事事反對呀！

青春期的小孩有自己的看法不是叛逆，而是長大了、有主見、有思想了，大家千萬不要再以「叛逆」看待了！

對策

為什麼說我叛逆？只有極權封建的國家，才會把不同意見的國民視為叛逆，那麼你們是極權封建的父母嗎？我想不是吧？那就平心靜氣，聽聽我的想法可以嗎？

「你大學讀的是A，做的是B，根本是學非所用」

用法：學以致用時，質疑別人用；學非所用時，自我辯護用。

這幾年經濟發展遲緩，失業率高，連博士生都跑去賣雞排、考清潔隊、甚至有偷東西吃的，這時候就會有名人或是酸民出來大喊：「高等教育出問題了！浪費國家資源！」他們認為主要的問題在於「學非所用」，讀了那麼多年書卻不能用來做相關領域的工作，豈不是浪費時間、浪費金錢、也浪費國家的教育資源？

但是讓我們看一下，社會上到底有多少人是真的「學即所用」？看看那些大企業家，有幾個是念商業和經濟的呢？看看那些大政治家（或政客），有幾個是讀政治和法律的呢？看看那些大明星（或藝人），有幾個是讀影劇和表演的？看看那些大文學家（或作家），又有幾個是讀文學、讀創作的？小野讀生物、吳淡如讀法律、侯文詠讀醫……老實說，雖然某些大學的中文系有創作組，還是很少見到有作家是出身這裡，來個「學即所用」的。

而且，大學是人格教育的養成所，不是社會就業的訓練班，否則的話，外文系何必教莎士比亞，教商用英文就行了！否則的話，幹嘛要設考古人類學系，要那麼多畢業生去環境艱困的地方考古？哲學系就更有趣了，你說讀來做什麼用呢？幫人算命嗎？尤以我所熟悉的文學院，就發現有那麼多學系，並不是為了幹嘛用，而是要你學習獨立的思考、自我的判斷、學習的方式、做人的態度和創造的能力，而這些，才是將來不管你從事什麼行業，都能夠勝任愉快的關鍵要素。

至於在哪個行業裡該會些什麼，主要其實還是靠「做中學、學中做」，不信你去問問那些在工作的人，他現在所做的，跟大學所學的（就算是本科系）又有多少關係？會計系的教授，會告訴你公司要有三本帳目嗎？觀光系的老師，又會告訴你領隊和導遊要如何抽佣嗎？你要學的可多了！

「學以致用」固然很好，但「學非所用」也沒有關係。

對策

我讀什麼和做什麼本來就沒關係，如果只為了找頭路，專心去考高普特考或各種證照就好啦，讀什麼大學？

「你太丟我（們）的臉了」

用法：自己不爭氣、又想怪罪給別人時，最好用。

所謂禮義廉恥，人一定要有羞恥心，不能做丟臉的事，但不管是有意或無意，我們若做了丟臉的事，那丟的絕對、百分之百是自己的臉，和別人一點關係都沒有！

你說有啊，從小爸爸媽媽不就叫我們要好好念書、乖乖聽話，不要做讓他們丟臉的事嗎？那是小時候我們還不懂事，一言一行都是父母教的，如果我們言行脫序了，那人家會說我們家教不好，父母的確有一些責任。

但長大以後（也就是有了自己的思想之後），我們的生命屬於自己、生活自己負責，已經不用負擔別人的「臉」了，就像我們的種種好表現是為了自己喜歡或創造個人前途，並不是用來讓父母家人開心炫耀的；而萬一做了丟臉的事，那丟的也是自己的臉，該罰錢就罰錢，該坐牢就坐牢，或者沒那麼嚴重該道歉就道歉，但沒有丟任何別人的臉。

每個人都是一個獨立的個體，每個人在社會上都要為、也只為自己的言行負責，縱使在捷運上莫名其妙地砍了好多人，連法官也不得不判死刑，但這和他的父母並無關係，父母親不需為此道歉。

有太多的父母或老師太在意自己沒有達到當初預想的成就與目標，就把這個期望強加在孩子身上，孩子一旦表現不如預期，就會被戴上「你丟我們的臉」的大帽子，讓孩子在努力上進的過程中更加痛苦，這其實是完全「莫須有」的。

下次，勇敢告訴這麼說的人：拍謝（台語：不好意思），我丟的是我自己的臉，跟你（們）的臉無關，好嗎？

對策

你（們）的臉要靠自己去爭啊！去變成眾人的光榮和驕傲啊！幹嘛這麼容易就被我們「丟」掉了，也太弱了吧？

「善有善報，惡有惡報」

用法：被人欺負又無力反抗、不敢告官時，自慰用。

這是一句非常古老的話了，但你還是不時聽到有人提起（尤其像苦苓這種老人家）；即使不說的人，大致也不會反對這句話，畢竟這算是勸人為善的一句好話，沒必要唱反調，免得被人以為我們主張做壞事呢！

可是你要是稍微認真思考一下，就會發現這句話不但不合理，而且十分消極。因為為善的人，乃是出於本性，不在於為了得到別人的按讚、或者是其他好的結果，就像孟子說的：我們忽然看見一個小孩掉進井裡（在現代可能掉進湖裡、河裡的機會高些），自然而然地就會出手去救他，既不是為了得到他爸媽的感謝，也不是為了得到其他在場者的表揚，「不忍人之心」是我們與生俱來的。

所以行善不是為了善報，而行善的人也未必都會有平順的命運，也有人後來碰到很多衰事、甚至下場悲慘的也不是沒有，但那都是命運使然，我們不會為了「善報」而行善，當然也不會為了可能得不到善報，就改變本性不行善了。

同樣的道理，作惡的人也未必有「惡報」，你看古今中外都有很多作惡多端、甚至無惡不做的人，卻都從頭到尾活得好好的，權勢、財富、家庭、健康要什麼有什麼，你說說看他們是得到什麼「惡報」了？感覺這句話只是在沒有人權、沒有法治的時代，小老百姓被惡人欺負了之後不敢反抗，也不敢期望司法公正（所謂「有錢判生、無錢判死」），正義既然無法伸張，大家也只好在嘴裡碎念幾句：「反正這壞蛋將來一定沒有好下場！」這算是一種自我安慰的詛咒吧！

當然，祝福與詛咒都未必有效，於是還要再多加一句：「不是不報、時間未到」，但時間何時才到呢？誰也說不上來，好在現在惡人自有法律制裁，善人都是自願自發，我們也可以把這沒用的老廢話束之高閣了！

對策

那如果沒有善報，你就不行善嗎？不會嘛！又如果惡沒有惡報，你就會作惡嗎？也不會嘛！那講這一句幹嘛？

我們要敬老尊賢

用法：沒老人在，不用；有老人在，更不用。

這是一句我們常常被告誡的話，尤其跟年紀比較大的人在一起，尤其我們的意見和他們不同，或對他們有所批評時，「敬老尊賢」這頂帽子馬上被扣在我們頭上，背後真正的意思是：「年輕人！閉嘴！」

這看來沒有問題的「敬老尊賢」四個字卻必須拆開來看，「尊賢」當然沒有問題，但「敬老」卻在這裡搭了順風車，「老」不一定就「賢」啊！老不修、老頑固、老番顛、老了就不准別人坐博愛座的……都有，所以要我們尊敬「老而賢」的人當然OK，盲目地「以老為尊」卻是不對的。

這時候，老人家會板起臉來說「家有一老如有一寶」、「不聽老人言吃虧在眼前」、「我過的橋比你走的路多」，反正靠著比我們多活幾歲，就要我們尊敬他——我們也沒有不敬啊！他們要的其實是「聽話」、「服從」。

老人活得久、經驗多，但未必腦袋清楚、未必智慧通達，反而常常冥頑不靈、剛愎自用、死不悔改，為什麼一定要聽他們的呢？而且，「老」有什麼了不起呢！

作家林雙不說得好：「老，是一個人完全不用努力就可以得到的東西。」對啊，我們只要活著，就算一事無成，只要還在呼吸，自然而然就變老了，而且，還不用經過任何努力，沒有任何人能夠倖免——原來「老」是這麼容易得到、而且人人都可以得到的，有什麼好「敬」？

尤其是對你說這話的人，通常是無法說服你、辯論不過你、甚至想佔你便宜、想驅使你，或想從你身上得到好處，但因為實在找不出任何理由、條件來取勝，最後只好使出這個流傳幾千年、但絕不是真話的理由來欺壓你。

成語、名言，也和人一樣，並非老的就是對的。

對策

我當然尊賢啊！可是不一定敬老啊！因為人人都會老，老又不是什麼才能、什麼特權，憑什麼要我聽你的？

「想當年，我……」

用法：自己做不到，又要誘騙下一代去做時，可用。

這是年輕人和長輩對話時，最容易聽到的一句話；而且大多數人在這句「想當年」之後就啞口無言了，你看，在那麼早、人家那麼年輕的時代，就已經那麼厲害了，而我們到現在都沒混出什麼名堂，比起來不是黯然失色嗎？既然「失色」那也只好「失聲」，免得多說話成了「失言」。

如果我們真的這樣子，那只能怪自己在大一的時候沒把「理則學」（就是邏輯）學好。試想，對方為什麼要用「想當年」——也就是「過去」來壓你？那就表示他的「現在」不怎麼樣、「未來」也沒什麼發展，所以只能拿「過去」出來說嘴，無形之中，對方其實承認了他們的「現在」是不如我們的，否則何必特意提到「過去」呢？難道郭台銘會對別人說：「想當年我有多厲害多神勇！」他現在就很厲害很神勇了啊！所以你會聽到的只有他將來還會更厲害更神勇。

還有一點，就算對方「說」了他們的當年有多厲害多神勇，也根本不足為訓，也就是不能用來教訓我們。因為這是片面之詞啊！當年他們英明神武的時候我們又不在現場（搞不好根本還沒出生），怎麼知道他們不是在吹牛、練肖話（台語，說瘋話）？憑什麼要我相信？

「不信你問張伯伯、李叔叔……」當然他們也會找證人出來，可是他們的證人雖然可能在現場，卻不一定老實可靠，因為他們也可能一樣是「想當年」一族的。

所以真正要說服年輕人的方法是，告訴我們你現在多麼英明神武，要我們也努力達成，而不是以虛假輝煌的過去來忽悠我們，例如大人應該是「我現在都還每天讀書，你為什麼不讀？」而不是「我很累，要打遊戲放鬆，你趕快去讀書，想當年我……」

對策

想當年你很厲害喔？哇，崇拜崇拜！但是你那麼久以前就那麼厲害了，怎麼到現在還是這樣而已？你好像……沒什麼進步喔？

「年輕人，要把吃苦當作吃補」

用法：倚老賣老，企圖剝削年輕人時，才會用。

人要成功，是需要努力的，在努力的過程中，難免要吃苦，但這個苦要吃到什麼程度呢？兩代人之間有很大的差異。

對老一代的來說，當年大半環境不是很好，覺得努力賺錢就是唯一的目標，巴不得老闆要求天天加班、從不放假，日曬雨淋，「萬死不辭」（這句有點誇張，改用「奮不顧身」好了）。而那個經濟起飛的時代，確實也讓肯吃苦的人賺了不少錢，改善了自己和家庭的生活。

這一代就是在這種較為富裕、至少小康的環境中成長的，所以更想追求的不再是累積財富，而是提高生活品質。因此會開始要求減少（甚至不）加班、週休二日、有固定休假和福利，甚至工作環境不能太差……這都是合情合理尤其合法的呀！怎麼老闆（多半是老一代人）就不爽了，還開始教訓我們他（她）當年是如何吃苦，又譴責我們這群草莓族現在多沒有競爭力、抗壓性多差，或是多缺少「狼性」了。

草莓怎麼樣？香蕉又如何？我就是想憑自己的本事、過自己的生活，我不想拚命不行嗎？我不愛苦幹不行嗎？最重要的：我不想再重複你們走過的路，生命中除了工作，幾乎一無所有（難怪台語把一天叫一「工」，一天不做工都不行），我只想賺夠用的錢、只想過簡單的生活，但沒有那麼遠大的目標、也沒有那麼重大的壓力，不行嗎？

我有一個朋友，開了一家裝裱店（謀生用，不太累），附設一家小咖啡室（興趣用，頗有成就），錢賺得不算太多，但也夠用，還交到許多同好，沒事就去溯溯溪、攀攀岩，過得自在而滿足，這樣的人生有什麼不好？像這樣的人沒事幹嘛勸他吃苦？更可怕的是，老一代還喜歡把苦藥說成補藥，這樣是不是有點自我虐待的傾向呀？

對策

真的喔？吃苦當作吃補，不過我的身體很好，這些補藥還是留著您自己吃好了，反正您從年輕時代起就吃慣了嘛！

「能者多勞，你就多做一點吧！」

用法：自己無能時，多用；自己有能時，拒絕被用。

在職場上，每個人有一定的職位、一定的權責，也有一定的待遇，從這個角度來說，大家好像是平等的。

但事實上又好像不是這樣，在一個團隊裡，總有能力的差距和努力的差別。同樣的工作，有人三兩下就清潔溜溜了，有人卻東搞西搞，還不能如期完工，但這牽涉到整體的績效與榮譽啊！怎麼辦呢？這時候就有能力中等的人，以一副和事佬的樣子出來勸解了，但他們勸的不是能力差、努力不夠的人要加油，反而是叫能力、努力都比較夠的人再多分擔一點，因為「能者多勞」嘛！

這句話是很可怕的，先把你戴上一個高帽子說你是「能者」，你既然比較厲害、你就多做一些，省得那些「不能」的人表現不佳、扯了後腿。問題是，我之所以是「能者」，就是因為可以「少勞」，輕鬆順利完成工作，我自己不但勝任愉快，上司也可能注意到我游刃有餘，而給我更好的職位、更多的表現機會。

現在好了，我多出來的能力變成幫別人「擦屁股用」，我的努力也湮沒在團隊「勉強」完成的任務裡（當然，最勉強的是我）。隊友們會不會感謝我不知道（搞不好還習慣了靠我幫忙），但我的能力顯然被稀釋了、我的努力可能被輕忽了。我多做了許多工作、領的還是跟別人一樣的錢、得到的還是跟別人一樣的績效，我怎麼甘心？

當然又會有人拿「以團體為重」、「團結最重要」的理由來糊弄，問題是這麼簡單的事都做不好，還要我每次多出力，這些人不是能力太差就是太不努力，我跟一群豬隊友在一起會有什麼前途呢？不行！別騙我了！我只把自己的本分做好，你們要是跟不上、就乖乖被淘汰吧！

對策

你說什麼？能者多勞？那有沒有能者多錢、能者多功勞啊？都沒有的話我幹嘛要累死自己？你們還是自己多多加油吧！我倒是聽過一句「勞者多能」喔！

「你怎麼還不結婚」

用法：無話可說，想惹惱對方時可用。

如果一定要分類，人有三種：一種是未婚的，一種是已婚的，另一種是失婚的（離婚或喪偶）。這三種人，就和黑種人、白種人、黃種人一樣，沒有好壞高低之分，你應該也了解、接受這個說法。那麼請問你，為什麼要一直問我「你怎麼還不結婚？」

這是一句徹底的大廢話！「怎麼不」表示「應該要」，請問這個國家有哪條法律規定每個人都一定要結婚？既然結婚不像納稅和當兵（雖然現在也免了）一樣是「國民應盡的義務」，那你為什麼認為我「應該要」結婚？就因為你已經進入婚姻的牢籠了？還是你想把我推入深不見底的深淵？

而且你還加上一個「還」字，這表示我有拖延的意思，而你也有責怪我的意思，別說親朋好友沒資格這樣對我，就算至親的父母也不可以這樣問我——我雖然是你的子女，但我也是一個獨立的生命，我有對自己人生的規劃，沒有必要為了你們想要「繼承香火」、想要「含飴弄孫」就勉強自己去結婚。更不要說我這樣是不孝，很多人結了婚卻不生、或生不出來，難道也都是大逆不道？再說了，地球人口已經有七十億，遠超過合理負荷的四十億了，又何苦增加它的負擔、繼續降低人類的生活品質呢？

尤其更可恨的，是我明明就是個想婚、願婚、積極追婚的人，我一點也不反對別人結婚、更不反對自己結婚，你這樣殘酷的問話，不是等於把我逼到死角，坦白說：「誰說我不結婚？我想結婚呀！但是沒對象呀！你先告訴我怎麼結婚？」

把人家逼到這個分上，就真的太過分了！你要是實在忍不住多嘴，最大限度就是說：「聽說某某要結婚了。」這樣足夠了，再問下去，保證在心裡替你多結一個仇人。

對策

A：「你為什麼不結婚？」B：「因為宜蘭昨天下雨了。」

A：「宜蘭下雨關你結不結婚什麼事？」B：「對啊，我結不結婚又關你什麼事？」

「為了將來，我們要養兒防老」

用法：自己有孩子的，不用說；別人有孩子的，偶爾說。

聽到這句話時，如果你正好是有兒女的人，你會哈哈大笑、還是搖頭嘆息呢？應該不會頻頻點頭贊同，說：「沒錯，老了就是要靠孩子養。」古代的人是靠生產力養活自己、所以孩子越多越好，等於家裡多一個男孩，就多一名長工，而在年邁的父母喪失了生產力之後，當然得靠孩子扶養……但這都已是隨風而逝的往事如煙了！

現在四、五十歲這一代，或許因為經歷台灣社會的興起，又因為自己的打拚和節儉，多少累積了一些經濟實力，所以不但能養大自己的孩子，也有餘力奉養自己的父母，或許有點吃力，但在責任感的驅使及孝道的古訓下，勉強還過得去。

看一下年輕一代的族群吧！持續低薪，再加上現代物質社會的引誘又多，個人信用又可以無限擴張（到處都可以借得到錢），大部分不要說成了「月光族」，連寅吃卯糧的「預支族」也不少，所以有許多買不起房子、車子，不敢想結婚、生小孩，就算勉強奮力建構了一個家庭，也可能要雙親的支援（代繳房子頭期款、幫忙照顧小孩），有沒有本事把孩子拉拔長大（你知道私幼有多貴、安親班又有多貴嗎？還不說各種補習）都還很難講，到時候父母退休了，還能拿出「餘額」來孝敬老人家的，恐怕是極少數的人！

我們寧願相信，不是他們不願「養老」，是根本沒能力！反而老一輩的要「養老防兒」，萬一兒女在外面或負債太多、或野心太大，到時非跟你伸手不可時，「可憐天下父母心」，你自己準備好的養老金可能都保不住呢！

對策

從小教孩子勤儉，別亂花錢，肯下工夫，長大了自己要能養活自己，我們老人家就謝天謝地了！

「我們夫妻結婚×十年了，從來不吵架」

用法：結婚×十年尚未離婚時，可用來掩人耳目。

這是每次官方在表揚「模範夫婦」時，媒體常報導當事人講的話。既然人家都堂而皇之地說了，我們也沒法證明他們兩人有吵過架（一般只要忍得住的夫妻，大概都不會在有第三人的場合吵架），所以說歸說，聽歸聽，大家有沒有認真看待這一句話，其實是大有問題的。

有一句話說「婚姻就是兩個人各自消滅自己的人格，來建立一個共同的人格」，就算不講得那麼嚴重，男女兩個人要共同生活，一定有許多意見衝突、行為不合、思想矛盾、舉止相異的地方，這時候未必都有人肯退讓、肯包容。各持己見之下，當然會有合不來之處，而合不來在很難找到公正第三者評斷之下（何況家醜不可外揚），除了爭執、吵架，應該是沒有辦法解決的。

只不過吵有文吵、武吵：後者就是大呼小叫、歇斯底里，甚至動手動腳，那已經不只吵架而幾近於「鬥毆」了。但就算是文吵，也是公說公有理、婆說婆有理，現場說不過就翻舊帳、舊帳翻完了就人身攻擊，吵架圈越擴越大，當事人往往吵到後來，都忘了當初是為了什麼雞毛蒜皮的小事而吵起來的……就算真的一方已吵到啞口無言，也會以一句「你就是很會辯、我說不過你」來反擊，絕不會承認自己落敗的。

偏偏家庭生活中，上至父母的照護，下至兒女的教養，日常的柴米油鹽醬醋茶，兩個人一起看電視對政治社會的不同看法，就連對方喜歡的活動你不歡迎，而你講話的語氣對方也不習慣……哪一項不可吵？也不可能一年、十年、甚至幾十年不吵的，「賣騙啊」（台語：別騙人）！

唯一要我們相信你們幾十年不吵架的可能性只有一個：那就是你們夫妻已經幾十年不講話了，呵呵。

對策

真不容易！那都是誰聽誰的？都聽老公的，那妳是女傭嗎？（都聽老婆的，那你是工具人？）如果是迫於對方的淫威，你根本不敢反抗，那我絕對相信，你們不會吵架。

PART 4

出來混總是要還的

好久不見，你都沒變

用法：可以不講就不講，萬一講了，就要「堅持」到底。

這兩句話是相生相成的，如果沒有「好久不見」，那就是天天見面、常常碰頭，那當然就不會有「你都沒變」的問題；反而是你換了髮型、穿了新裝、甚至胖瘦了幾公斤、或者是心情不好臭個臉，都會被指稱「你變了」！

既然常常見面的人，都常常會指出你的「變」，為什麼許久不見、印象應該已經模糊的人，卻會昧於事實地說「你都沒變」呢？就是因為他（她）搞不清楚，既然好久不見，對你的許多細節都記不清了，只有一個大概的輪廓而已，要不是有人提醒（例如同學會），可能連你的名字都叫不出來，現在既然把名字和人對上了，隱隱約約有些相合，自然就脫口而出「你都沒變」了！

其實過了那麼多時間，沒有人是可能不變的，你拿自己幾年前的照片對對看吧？是不是頭髮稀疏（變白）了些、皺紋增加了些、線條下垂了些、臉上風霜多了些、肚子稍微突出了些、身形多少垮了些……歲月在我們身上殘酷地、用力地留下痕跡，怎麼可能不變？因此有一個更大膽的解釋就是：「其實你，變，了。」

既然看出你變了，做為朋友，又何必如此有「禮貌」的奉承你呢？哎呀，那是好心的安慰啊！人的外型如果變，一定是往老、醜、肥、垮的方向變，叫人家怎麼忍心直說呢？真的直說你也會大大不爽的，所以何不來個「白色的謊言」，他（她）說一句「你都沒變」，你回一句「你也都沒變」，互相欺騙，皆大歡喜，話題才能繼續。

其實何苦如此？對方還是可以老實地說：「你變了，變成熟（老）了，變穩重（胖）了。」你反而會更欣然接受，而且也給他們類似的「回禮」吧！

對策

真是好久不見，我應該只有「小變」、沒有「大變」，要不然你怎麼還會認得我？你也只是有小變、沒大變呀！

「你看起來很年輕，一點都不像××歲」

用法：想給他（她）難堪，但又不能太明目張膽的，用之。

這個人人愛美、人人怕老的時代，這句話用來奉承別人是最適合、也最普遍；被稱讚的人或許會客氣地說「哪有哪有」，或許回讚你「你也看來很年輕」，或者如驕傲的孔雀揚起尾翼，或許面帶假笑地在心裡盤算：「你知道這個年輕花了我多少錢嗎？」

但你只要稍微理智一點，應該就高興不起來了。「你看起來很年輕」的真正意思是什麼呢？就是「你其實不年輕了」，例如你總不會對一個青春洋溢的少女說：「妳看起來很年輕」吧？「看起來」三個字就等同於「你不是」，實際上的想法應該是：「我很清楚知道你已經不年輕了，但是你比某些同年齡的人是沒那麼老，所以就稱讚你一下讓你高興一點，其實我講這個話既沒有什麼根據、也不值得深究，純粹是公開場合的應酬話，你也不要太當真哦！」——對啊，通常不會有人私底下跟你說「你看起來很年輕」，反而是人越多的場合，越容易出現這句話。

如果只是這樣「禮貌」一下，雖然有點殘忍地說明了你不再年輕的事實，但也還好有「看起來」可以補救，最殘忍的是居然加上「一點也不像××歲」這一句！

非要故作無意地把我的年齡洩漏出來嗎？年齡不但是女人的最高機密，也是現代男人的重要秘密，為什麼有人要假借稱讚我（而且還是言不由衷）的時候把我不堪面對的真相揭露出來呢？這簡直是一種沒有道德的行為呀！

歸根究柢，就為了告訴大家「這個看起來有點年輕的人，其實已經××歲了，一點也不年輕了！大家也別被他（她）的外表所騙，認清事實吧！」

對策

是呀！你看起來倒沒有很年輕，我記得你才××歲而已嘛，哦，那你真的看起來有點老哦！平常還是應該保養一下比較好吧！

「你本人比電視好看」

用法：遇見上過電視的人，不想太禮貌的時候可用。

這種廢話是我們上電視的人在被人家說的，各位不上電視或者是在車禍現場旁觀不小心上到電視的，是不會遇到的，但是請你不要對上電視的人這樣說好嗎？

這是我去演講時最容易碰到的場景，因為觀眾（雖然原本是聽眾，但因為也看見人了所以也叫觀眾，但我不敢叫他們讀者，因很多人只聽講不買書的）終於見到了你的廬山真面目，大部分都是歡歡喜喜地上前來，看見我之後一愣，腦子裡快速轉了一下，嘴巴就自動丟出（好像ＡＩ機器人一樣）「你本人比電視好看」這一句。

也不是我對自己沒信心啦，但你知道不管男生女生，一般上電視都是要上妝的，要吹頭髮要畫眉要撲粉還要擦護唇膏（這還是最簡單的男生部分，女生的就更多更複雜了），再加上現場精心設置的燈光一打，每個人都漂亮多了，連我多年未見的二阿姨、三阿姨都打電話給我媽：「妳兒子在電視上怎麼那麼帥？」

樂得我媽笑呵呵：「哪有？是妳們勿甘嫌（台語：捨不得嫌棄）啦！」

因此一般來說，一個人上電視的確是要比本人好看，甚至很多上電視的女生如果素顏，你就是走路迎面跟她相撞也認不出來。所以一個人如果在電視上好看、本人通常不見得好看；但如果在電視上還難看，那真的是父母親對不起他真正的難看。

所以照道理來說，觀眾看見我本人一定會「小」失所望，怎麼沒有電視上看來那麼高大英挺帥氣瀟灑（這是在說金城武吧）？衝擊之下真心話應該是：「你怎麼沒有電視上好看？」但轉念一想不能沒有禮貌，就硬生生轉成了「你本人比電視好看」，不過這句話就洩漏了天機——他們比較過了。

其實大可選擇婉轉一點的說法，例如「你氣質好好」、「你本人好親切」、「看到你本人很開心」……這些都還不算廢話（吧）。

對策

真的嗎？我比電視好看，那我要回去開除化妝師了？告訴你一個秘密哦，我不只比電視好看，我也比冰箱好看、比冷氣好看……

帥哥、美女你們好

用法：沒心情工作時，可用；真的想做事時，別用。

大多數男人長得很平凡，所以帥哥是難得的；大多數女人也長得不怎樣，所以美女是珍貴的。但不知何時，人們開始濫用帥哥、美女這兩個稱謂，弄得它幾乎一文不值。

大概是服務業興盛的關係吧，大家總想討好客人，而對於素不相識的客人，最簡便的稱呼就是「帥哥」和「美女」了，至少男的聽來不煩、女的聽來悅耳，被稱讚後的笑容如春花般展開，為這一場「交易」奠定了基礎。

但帥哥美女的價值在於稀少，你喊他（她）帥哥美女時固然令人高興，但當他們發現你對什麼人甚至阿貓阿狗都喊帥哥美女時，這個價值感頓時一落千丈：原來你的帥和美是毫無標準的，只要可能上門來花錢的就會被這樣稱呼，看你乾脆喊「花錢的老闆裡面請」算了！

而且他們本來以為只有在你的店裡才被這樣稱讚，算是你眼光獨到（殊不知是昧著良心）；不料到了別家店裡，也是毫不稀奇地被叫著帥哥美女，事情發展到這個地步，已經不是到底帥不帥、美不美的問題了，而是喊的人根本是為了做生意在拍馬屁，這個稱讚一點也不真實！

所以真正自認為是帥哥美女的，聽了這個稱呼不爽：因為你的帥、美是最低標準，甚至沒有標準可言，如果人人都是第一名，那第一名還有什麼光榮可言？而本來對自己沒什麼自信的，第一次碰上時心花怒放，到第一百次也灰心喪志了：原來人家只是有禮貌、而不是有眼光。至於從小就跟帥哥美女絕緣的人，你這麼叫他們，只會被覺得「瞎了眼」或「死要錢」，仍然高興不起來！

還不如老老實實地說：「先生小姐你們好，請問有什麼需要我服務的嗎？」中規中矩，至少不會惹人討厭。

對策

什麼帥哥、什麼美女啊，不敢當！世界上哪有這麼多帥哥美女？要討我們歡心，只要打個折、算便宜一點就行了。

「這款賣得很好」

用法：顧客猶豫不決時，勿用；顧客心意已定時，才用。

「流行」是一個很奇怪的東西，因為它的大意就是「大家都這樣」，例如大家都穿破了的褲子，你穿的褲子如果還一個破洞都沒有，那就是跟不上流行、不時髦。

可是又有一個名詞叫「撞衫」，既然要重視流行，大家都搶著穿類似的衣服，尤其又以名牌為最好（品質保證？），那難免就碰上跟你穿得一模一樣的，這時候可就尷尬、可不時髦了，有一位日本作家說：「最強的殺意，來自迎面相逢、穿著一模一樣的兩個女子」，可見人又怕跟別人不同，又怕跟別人太相同，十分地矛盾。

因此當我們在mall、在outlet、在百貨公司甚至在五分埔挑選衣服時，每每猶豫不決，而反應機靈的店員就會看你在試穿某件衣服、似有動心時，適時地加上一句：「這款賣得很好。」暗示說你很有眼光，看上了大家都看上的衣服；當然也進一步暗示說：賣得好，可能存貨不多，你再不趕快做決定，可能很快就沒有你的size了——為猶豫不決的你加上臨門一腳，這筆生意或許就做成了。

但這句話並不聰明：他說這款賣得很好，就表示會有很多人穿，你如果也買了就增加「撞衫」的危險；而且看上那麼多人看上的東西，豈不是表示你的品味流俗、一點都不高嗎？如果店員跟你說的是：「這款衣服很特別，要很有眼光的人才看得上。」顧客下手的機會是否更大一些？

所謂銷售，東西是一成不變的，重要的是話術。大多數店員急著促銷，一看顧客不想要買，就趕快說還有其他顏色的，其實你如果想要，自然會主動問他。而你覺得頗不錯、穿起來很有風格的衣服，對方卻告訴你「這款賣得很好」，豈不是直接幫你打了退堂鼓嗎？不妥呀不妥。

對策

賣得很好？那我就可能跟很多人一起穿「制服」囉？那你還是留著賣給別人吧！幫我找一件都沒有人問的衣服好了。

「現在為你做上菜的動作」

用法：上班就用，萬一客人皺眉頭時，就不用。

這句話有很多類似的，例如「為你做結帳的動作」、「這是前菜的部分」……大概是從餐飲業發生的，尤其是大型的連鎖餐飲業，服務生都經過嚴格的訓練，客人一坐下來，他就送上菜單：「這是菜單的部分，請您參考。」然後幫你倒水，「現在為你做倒水的動作……」好像很怕忘記自己「服務守則」的步驟，要把所有的「部分」和「動作」都做出來，並且順便盡到「告知客人的義務」，每一個步驟都仔細說出來。

這個我們不反對，但基本上人還是應該說一般人聽得懂的話，「這是前菜」、「這是沙拉」、「這是湯」、「這是主食」、「這是甜點」不就清楚明白了嗎？為什麼一定要畫蛇添足地加上「的部分」呢？難道媽媽在家裡做菜，也會在上菜時來一句「這是炒蛋的部分」嗎？那剩下的那一部分炒蛋到哪裡去了？

「的動作」也一樣，不管你添水、上毛巾、送餐、結帳，一定都是動作，為什麼又要說「現在為您做××的動作」，你就直說「現在為你上菜」不行嗎？甚至都不說我也看得出你在幹嘛呀！又為什麼要一直「的動作」「的動作」的，把一餐輕鬆寫意的吃飯搞成有點緊張的「動作片」，最要緊的，「的部分」和「的動作」都不是常人會講的話。

當然我們不能怪這些還是孩子的服務生，問題在教導他們的大人，問題在我們「半西化」的國語：例如這部電影的「可看性」很高（就是很好看啦！）、這位歌手的辨識度很強（就是有特色嘛！）——放棄了我們日常習慣又有力的語言不用，反而文謅謅地說出有點像英文翻譯的中文出來，只是為了顯得好像比較有水準嗎？實在沒有必要。

好，現在是本文結尾的部分了，為您做一個結束的動作。

對策

好、好，你要做什麼就做什麼好了，如果怕忘記就在心裡默念，不要一餐飯不斷在「的動作」「的部分」好嗎？謝謝你了。

「感謝各位的寶貴意見，不過公司的既定政策是……」

用法：開完會後，打發大家回去工作的最有效方法。

職場中最沒有效率的就是開會，開會的狀況大致有三種：

一、上司滔滔不絕，下屬昏昏欲睡。

二、沒人發言，一片靜默，被點到講話的也是三言兩語。

三、大家紛紛發言、踴躍表達，最後上司出來咳兩聲：「感謝各位的寶貴意見，不過公司的既定政策是……」一句話否定了所有人的滿腔熱血，全場溫度頓時落入冰點。

不管開以上哪一種會，都是在浪費時間。

浪費就浪費，反正是公司花錢請我來上班的，不讓我去工作創造一些價值，反而老是開會耗損時間，我們做員工的是沒什麼損失啦，但上司講話未免太「幹」了！

首先是「感謝各位寶貴的意見」，這個「感謝」就出來得很奇怪，因為你並沒有特別感謝的對象，換言之，我們剛剛那麼多不同的發言你並沒有一件覺得好的，所以來個籠統的感謝，純粹是虛假的禮貌；而你裝客氣地感謝我們「各位」的意見就算了，竟然還說是「寶貴」的意見，到底是哪一件寶貴了？還是每一件都寶貴？真相應該是沒有一件寶貴吧，否則你怎麼不拿出來討論？

問題是三個臭皮匠也能湊成一個諸葛亮，為什麼我們那麼多人的想法沒有一個受到上司重視呢？哦，原來「公司已經有既定的政策」，也就是說到底要怎麼做，「上面」老早就決定了，叫你們講話只是抒發一下情緒、打發一下時間，根本沒有要考慮採用的意思，虧大家還講得那麼認真，說不定在上司耳中只是一片「嗡嗡嗡」而已呢！

對策

既然公司已經有既定的、不可動搖的、萬年不變的政策，請上面的大人照著做就對了，不要拿我們下屬開玩笑，害我們以為意見真的會被採納，都嚇得要吃手手呢。

「雖敗猶榮」

用法：明知會輸又果然輸了時，最好用。

這也是一句非常常用，大家用起來也都得心應手的，不管是用來安慰別人或推卸自己責任的一句廢話。

比賽就是要爭勝負，獎牌、獎金固然重要，但最主要爭的是榮譽，所以一向只有贏的人才有榮耀，才會在許許多多人眼前被頒獎、被鼓掌、被歡呼、甚至被歌頌……為什麼？因為你做了大多數人做不到的事，你擊敗了許多有實力的對手，你證明了自己比大多數人還優秀，這證明了你的天賦、環境、努力、決心和爆發力都遠遠超過大多數人，所以你值得這個榮耀。

而如果你輸了，這一切就沒有了（當然你可能得第二、第三……也有牌也有點錢，但是拜託，誰記得第二名第三名？只有冠軍才有價值），不要自欺欺人地接受「雖敗猶榮」這種鬼話！

敗了也許不是多大的恥辱，但絕對沒有什麼「榮」可言，就算你全場拚戰只輸一分（甚至0.1秒），就算你帶傷上陣、抱病廝殺，就算你運氣不好、表現失常，就算你一路領先、到最後一秒被趕上……不管什麼理由，輸了就是輸了，默默地躲到角落哭泣，哭完擦乾眼淚誠心檢討為什麼輸了，明天起床繼續加強繼續苦練，消滅所有失敗的藉口，努力追求勝利的榮耀……相信我，只要你心裡還有一絲絲的「雖敗猶榮」，你就永遠不會成為一個勝利者。

比賽一定有輸家，輸家也可以接受安慰、接受鼓勵，但方法就是老實承認「我們實力不行、努力不夠、各方面都不如人家，我們回去針對缺失改正、看好目標拚命，我們一定要讓自己更強，下一次，換我們得到勝利的榮耀。」

這比逃避地想「雖敗猶榮」實在得多，也有效多了吧？

對策

輸了就輸了？哪有什麼好榮？我們表現成這樣還叫榮，那贏的人不榮到天上去了？

「入圍就是得獎，我已經很滿意了」

用法：自己知道得獎希望不大時，自我安慰用。

在各種「金」獎例如金馬、金曲、金鐘這些競賽中，凡是有幸入圍者被記者問到有沒有信心獲獎，都會用這一句表面上很好聽的話來應付，但這其實是一句嚴重的「口是心非」的話。

就像任何比賽，不管你進了準決賽或是決賽，目標當然還是在獲得冠軍，尤其這種沒有第二、三名的比賽，贏家全拿，所有的榮耀全屬於他們，有誰會不想得獎而只入圍就夠了呢？有誰只想參賽而不想爭冠呢？

當然，你可以善意地解釋成：比起沒入圍的人，入圍已經不錯了。那倒是，入圍的確也是一種肯定，但那只是五分之一到七分之一的肯定，你還是得打敗其他競爭者，才能得到最後、最終極的肯定，而且不管怎麼說，入圍絕對不等於得獎的。

其實這些參賽者都有一個心結：他們大部分是大明星，已經獲得觀眾的喜愛，「叫座」是沒問題的，但更進一步地就想「叫好」，得到專業的、學術界的評審委員肯定。偏偏這些評審（尤其是大學教授）雖然可能教授的是相關科系、講起理論也頭頭是道，但對實務接觸卻很有限，甚至平常是少看電影、不追影劇、沒在聽流行樂的，那他們是要怎麼比較勝敗優劣？

老牌演員馬如龍告訴我，他有一次擔任金獎評審，幾乎每一部入圍作品都要以專業演出者的立場，對其他學者評審詳加解釋、循循善誘，但也未必會被接受，因為真正投票時還是他們人多。所以我們經常看到會選出大家都非常「不以為然」的得獎者，原因就在這裡。

因此參賽者如果得獎，就會大讚評審有眼光；一旦落榜，就會說外行人懂什麼，對一干評審只是又愛又恨，可見他們想要得獎的心是多麼的真切，絕不是入圍就能滿足的，當然更不會覺得「已經很滿意」了好嗎？

對策

是喔，你有入圍就好喔?! 那每年都讓你入圍，都不讓你得獎，你會滿意嗎？啊你剛才不是說入圍就等於得獎了嗎？

我們大家一定要團結起來

用法：我力量夠大的時候，一定用；不夠力時，假裝沒聽到。

這句話是大家聽了都會點頭、的確「有道理」的話，團結力量大，只要折筷子就知道，沒有人會（敢）反對這種團體式的「號召」。可是你有沒有觀察到：這句話從來不是團體裡地位最低的人說出來的，都是那些領導者站在高台上，對著我們「芸芸眾生」講出來的。

團結的反義詞是什麼？就是不團結、就是分裂、就是各有主張……這在民主多元的社會裡沒有錯呀！誰都可以有自己的看法和做法，可惜你的看法和做法跟大多數人不一樣，尤其跟領導者對大家耳提面命的不一樣。

所以我們發現：「團結」只是孫悟空的緊箍咒，當你的意見跟豬八戒不同、又違反唐僧的意思，它就會被用來套在你的頭上，讓你求生不能求死不得、乖乖地臣服。所以我們又證明：凡是發出「團結」咒語的，一定是大的對小的、高的對低的、上的對下的……換句話說，不是「團結真有力」，而是「有力者愛團結」，像選舉到了，候選人眾多，高喊著要大家團結的，一定是最有機率當選、實力最強那一位，也替團結做了最好的註解：你們大家都聽我的，叫做團結；如果不聽我的和我搗蛋，那當然就是「不團結」，就是分裂份子、破壞份子，必除之而後快，把這些不團結的人處理掉（當然可以用打的、也可以用搓的），大家又重新團結在勝利者的大旗下，直到下一個不團結者產生，大家再一起用力把他「滅」掉！

對策

大家當然要團結起來！問題是聽你的算團結、還是聽我的算團結？要投票嗎？哦不，那會破壞內部團結，那這樣好了，剪刀石頭布，誰贏了誰就可以「團結」別人！

「大家都這麼做，你跟人家不一樣會吃虧的」

用法：需要別人同流合汙時，苦口婆心地使用。

人是群體的動物，為了在群體中求生存，求發展，盡量和群體溝通、配合群體是沒錯的，但一般動物的群體目的只是在求生，跟群體配合不會有錯（即使自己地位較低），但在人類的群體中就複雜得多了，常常不是為了求生，而是為了圖利、為了方便、為了貪婪、為了偷懶……

這時候，我們的考驗就來了：明明是不對的事，但是長久以來大家都這麼做——請注意「長久」和「大家」，這表示在時間和空間上對方都佔優勢——所以你幹嘛要那麼計較、死守條文，非要照「規定」來不可呢？

你照規定來，大家就會累死，有什麼必要？反正這麼久了也沒人講話，幹嘛死守規定？你照規定來，大家就都沒得賺，擋人財路不是好事，幹嘛死守規定？沒聽過「便（這裡要念做方便的便）宜行事」嗎？「隨機應變」沒聽過嗎？那至少也聽過「睜一眼閉一眼」嘛！

我們不是違法，該檢查的照檢查，該取締的照取締，只是在檢查前打個電話「知會」對方一聲、人家也好準備；取締時找點小毛病罰點小錢，然後人家感恩圖報、照常營生，這不是雙贏的局面嗎？有什麼不好？還有東西要從我們眼前經過時，不要看得太仔細，眼睛瞇一下就過去了，從上到下人人有好處，我們也一樣有好處，又沒有風險（這麼多年了，上面當然有人罩著），何樂而不為？

所以你硬要自命清高、死守法條，那大家都不好過，一是把錢硬塞到你抽屜裡，你不認也不行；二是想辦法排擠你、把你調到邊疆，再不然只好設法陷害你、先把你除掉。什麼？我們潔身自愛，不管別人亂搞，但自己堅持不亂搞，居然也不行？理由很簡單啊，怎麼知道你不會出賣大家？當然是幹掉！

對策

所謂「水清則無魚」，既然我這隻魚也想在這塊水域裡混，只好游得遠遠的，在偏僻之處裝聾作啞，現在保證不舉發你們，萬一將來出事我也不作丁證，你們就當我是個屁，誰都沒看到好不好？

「休息，是為了走更遠的路」

用法：想請假去玩時，可用；想真的休息時，不可用。

人都需要工作，人也都需要休息，因為一直工作不休息會「過勞死」，一直休息不工作會「散漫死」，工作與休息，正如車之兩輪、鳥之雙翼，缺一不可——欸，怎麼覺得這一套用過了？好啦！總之兩者一樣重要就對了。

但是我們工作時是領錢的，休息時是不領錢的，這就讓我們工作起來理直氣壯，要找點時間休息的時候，卻有些心虛，例如讓老闆看到你不是在打資料而是在打遊戲，手裡抓的不是滑鼠而是點心，螢幕上是ＮＢＡ季後賽而不是公司報表。雖然你是在休息，而且也是公司給予的合法休息時間，但是心裡還是會有一點彆扭，深恐老闆誤會你連工作時間都在偷懶休息，還會有點後悔自己「認真」休息，早知道故意用休息時間來努力工作（真有這種人！）讓老闆看到，不見得會有加薪表揚，但起碼位置會坐得比較穩吧？

長一點的休息叫休假，那就更難跟老闆開口了！雖然依法有假，但總怕被誤會自己愛偷懶，所以請假理由是要說家裡有事好呢，但就怕老闆不信；還是說身體不舒服呢？又怕老闆真的相信；還是直說和男女朋友去奧捷匈十二天，又怕老闆眼睛冒火，拍桌大罵：「拎北（台語：你爸）在這裡做到要死要活，你還有心情給我出國？」這時候，最後的招數只好使出來了：「報告boss，休息是為了走更遠的路。」

哪有更遠的路啊？就是你原本要走的路而已！你是想矇騙老闆自己回來之後會加倍努力地工作嗎？那你幹嘛不現在就加倍努力還要留一手呢？休息是工作之後自然需要的調節，就像橡皮筋拉太緊了會斷掉是一樣的，請大家都建立起正確的觀念：休息，不是為了走更遠的路；休息，就是為了休息。報告完畢！

對策

什麼？這麼短的路我都快走不動了，你還想走更遠的路？如果一定要走更遠的路才能休息，那我還是放棄休息算了，走吧！我們慢慢拖、慢慢磨，終究也是會到的。

「有教化的可能」

用法：只有法官能用，也希望他們都不要用。

這幾年來，「恐龍法官」越來越多，不知是否吃錯了「兩公約」的藥，對於許多手段兇殘、喪盡天良的殺人兇犯，竟然都未處以極刑，而是用「有教化的可能」來使犯人免於一死，也引起死者家屬和社會大眾的嚴重不滿。

把一個人關到監獄裡去，到底有沒有「教化」的可能呢？當然有極少數從此悔改、重新做人的例子，但大多數在裡面或許乖乖的（為了換取外役監或假釋的條件），但一放出來之後，往往「迫不急待」地再去犯案、增加更多的受害者，他們有沒有被教化呢？顯然沒有，而放他們出來的獄方，又知不知道他們沒被教化呢？顯然不知道。

由此可知，坐牢未必能教化，而當然是「有教化的可能」——縱然只有千分之一也是可能，這是邏輯上的說法。

但是「恐龍」們如何判定那些「有教化的可能」而還未判刑的人呢？有的

說他（因罪犯以男性居多，一律以他代之）小時境遇不好；有的說他沒有圓滿家庭；有的說他在社會邊緣，有的說他誤交損友；有的說他不是預謀，只是一時氣憤砍了被害人幾十刀；有的說他殺人後還整理屍體，顯然天良未泯；有的說他犯案後鬱鬱寡歡，顯然有悔悟之心；有的說他殺人後沒有逃跑，可見其勇敢承擔過錯；有的說他在看守所開始信教，顯然有向善之心；有的說他救了獄友一命，可見得本性純良；更有的說他每日抄經迴向死者，累積功德……各位，請問以上哪一句你聽得下去？他們有向被害者家屬致歉嗎？有盡自己之力賠償對方嗎？有得到死者家屬的寬恕嗎？更不要說社會大眾的原諒了，只因為恐龍先生說一句「有教化之可能」，他們就不必為自己令人髮指的罪刑付出相對代價，真是太輕鬆了！

不知道「恐龍」們有沒有「教化的可能」呢？

對策

有啊，誰都有教化的可能啊，但你花了國家那麼多錢教化他還不知道是否可行，為什麼不拿這些錢來補償受害者和其家屬的損失呢？最少可以減低一點點傷痛吧？

兩岸一家親

用法：到對岸時，視需要可用；在此岸時，沒事盡量少用。

為什麼柯文哲講了這句話，會引起那麼多人不開心、甚至不願意再支持他當市長，因為他之前講了很多真話、笑話，倒還滿好玩的，至於這一句，完全是廢話。

兩岸對立幾十年，什麼時候一家親了？哪一家跟哪一家親了？那只有共產黨頭子和國民黨頭子這一家在親吧？那是「兩黨一家親」，兩岸從來沒有一家親過。

如果你說兩岸就像一家人，應該親近、親和、親熱，可以呀！那我先問問你：出門在外的時候，我到別人家去你都不讓我坐椅子，即使給我椅子坐，也不許別人稱呼我的名字，甚至我坐得好好地又被你趕出來，這是哪門子的親？

又例如交朋友，你交的朋友都不許我交，稍微跟你朋友來往一下，你就大呼小叫；而我的朋友就那麼幾個又瘦又窮的，時不時你還要搶走、不准他們再跟我來往，像你這樣與我勢不兩立，又是哪門子的親？

武器倒是很親！你擺滿了幾千顆飛彈，沒事就可以往我頭上丟，你的軍機、軍艦，沒事就繞著我身邊轉，一副隨時要動手滅了我的姿態，你還公開說一百小時就可以把我撂倒，不准我這樣主張那樣思想的，請問一家人有這樣互相對待的嗎？你沒把我當家人，是當仇人吧！

你如今發達了、有一點臭錢了，以為我非要靠著你才活得下去，笑話！你不講中國上海、中國廣東卻一定要講中國台灣，可見得你很清楚：台灣還不是中國的！一家親？省省吧！

對策

兩岸？哪兩岸？柯P說的，太平洋也有兩岸，你要不要先跟美國日本親一親？等你們都親好了再來親我行不行？別急別急。

「經濟發展和環境保護是不能兼顧的」

用法：想靠汙染來賺錢時，最常用的爛藉口。

嘩！這句話聽得可多了，不管是要挖水泥、建工廠、開飯店、拓公路……反正所有可以「賺錢」的開發事業，都會有環境保護人士來阻擋，不管是為了原住民文化、中華白海豚、綠色藻礁或阿朗壹古道，兩邊就開始拉鋸，甚至戰個數十年，難分難解，這時候大家就不免感慨：「唉，經濟和環保很難兼顧。」

這句話乍聽之下，誰都覺得有理：是呀，開發了，環境就被破壞；保護環境不開發，經濟就繁榮不起來。而在這個人人愛錢、企業愛錢、政府更愛錢的時代，就常常請環保人士讓步，例如我們只做有限度的開發、我們保證不製造汙染。甚至大自然也會適應環境：白海豚會轉彎，藻礁可以換地方再生，原住民反而增加就業機會。至於PM2.5，大家不都買了空氣清淨機嗎？

其實環保與經濟不能兼顧這句話，一點點都站不住腳。請問歐美日本等進步國家，經濟那麼繁榮，環保有做不好嗎？沒有嘛，環境（至少空氣和水）還是比我們好得多嘛！由此可知，進步國家絕對可以經濟好、環保也好。

是什麼國家經濟好就顧不了環保呢？就是那些可憐的未開發國家、第三世界國家，因為急著要錢，顧不了環境破壞，就用低工資、高汙染來吸引企業設廠、進行各種開發，結果經濟不一定有變好（錢都被外來投資者賺走了），環境則是鐵定破壞得無法還原了，兩樣都沒搞好。

所以台灣做為一個已開發（還是開發中？）國家，千萬別自甘墮落跟壞學生比，多看看人家好學生是怎麼做的，經濟比你好的國家，環境比你好的可多了（除非是中國大陸，和台灣兩個難兄難弟、霧霾共享）。以後別再爭論這種傻問題，經濟和環保，絕對是可以兼顧的好不好？

對策

經濟要發展，就一定要破壞環境？那麼越有錢的人民，不就住在越汙染的地方——可是沒有啊！聽你再騙啊！

「證據到哪裡，我們就辦到哪裡」

用法：不想破壞官商「關係」時，很好用。

這種話不會出現在一般刑事案件裡，不管是殺人、傷害、搶劫、竊盜、詐欺或恐嚇等等，反正檢察官和警察的任務就是找出證據，將嫌犯定罪。也就是說，證據不會自己「到哪裡」，而是檢警辛苦、認真、用力調查、搜索、扣押、蒐集出來的，如果你不動，證據當然也不動，絕對不會自己跑出來。

可是一旦碰上了貪官與奸商，哦，不，是高官與富商的貪汙、瀆職、圖利、背信這類案子，也就是所謂官商「勾結」（呃，這有未審先判的嫌疑，還是改稱「合作」比較適合），全國矚目、輿論沸騰、名嘴鬼叫關注之時，主辦的檢調單位就會有一個或幾個大頭一字排開，開始對著大眾和媒體廢話：「全力查案」、「勿枉勿縱」，最重要的就是這一句「證據到哪裡，我們就辦到哪裡」；換句話說，如果沒有確實證據，就算是千夫所指的奸商與貪官，我們「依法」也不能把他們怎麼樣。

奇怪耶！不是「你們辦到哪裡，證據才會出現在哪裡」嗎？現在怎麼本末倒置，說是要「證據到哪裡，才能辦到哪裡」呢？如果檢警都該動未動，嫌疑人自然不可能白白認罪，只要把證據藏好不露出來，不就永遠沒事了嗎？

由此可見，案件分兩種，就是「想辦」和「不想辦」的：「想辦」的案子八字還沒有一撇，特偵組就一字排開，「一定要辦個結果」出來，這時怎麼不問一下證據「到」哪裡了呢？「不想辦」的案子如諸多官商合作案，就放著擺爛、視而不見，等到受不了群眾和輿論壓力了，就祭出這句萬用的免死金牌：「證據到哪裡，我們就辦到哪裡！」告訴大眾因為沒看到證據呀，那我們也辦不了呀，sorry啊。

對策

證據不會自己到哪裡，只有你們努力偵辦了證據才會出來。如果坐著等證據出現就可以辦案，那檢警都回家吃自己，案子我們來辦！

你知道我是誰嗎？

用法：惹了事卻無名片可用、無電話可打時，姑且說說，看有沒有用。

經常看到媒體上對人物的簡介，會有「名作家」或「名演員」的稱呼，當時我就覺得很怪，這個是否有「名」，不是該由人民大眾決定的嗎?你只說你是作家或演員就得了，大家心目中自有一把尺來衡量你是否有「名」，如果人家明明不認識你或頗為生疏，那你加上這個「名」字豈不是無中生有、自討沒趣嗎？

同理可證，說出「你知道我是誰嗎？」這句話的，多半自以為是名人、有夠力的人、有特殊關係的人，而如此「重要人物」卻碰到對方不買帳，例如酒駕被臨檢，當下老羞成怒，就把這一句「你知道我是誰嗎？」搬了出來，希望能得到對方的「敬畏」而放他一馬。

問題是對方可能：一、就是不知道你是誰，所以就是要公事公辦，才不會多浪費時間去打聽你是誰，以免節外生枝，所以你問了這個問題，也根本得不到答案、當然更沒有效果，除非你自己把答案講出來——雖然講出來後也未必有效，但既然得自報名號、人家才認得（或許還是不認得），那你剛剛問這個問題豈非白目？

二、對方早已知道你是誰，但他還是打算公事公辦，根本不願意吃你這一套，所以乾脆假裝不認識以免節外生枝，這時候就算你自報名號，也是沒有用的，只是更堅定了對方秉公處理的美德而已，你報出來的名號，只是自己打自己的耳光而已。

不要以為現在名人光環還很好用，現在媒體報導取材比以往簡單很多，你想拿某人的名號威嚇他（她），得到的反應很可能是：「是哦？很好啊，那我叫媒體來報導好不好？」

對策

我不想知道你是誰（或給點面子：我已經知道你是誰），你注意哦，我奉公守法、秉公處理，希望你去告訴我的長官，讓他（她）知道我是一個好警察（或好公務員）。

「我不幹了，我要回去多陪陪家人」

用法：無官可做時，且用；又有官做時，再也不用。

這句話乍聽之下是不是很動人啊？尤其是從一個國之棟樑、政府高官的嘴裡講出來，一副把榮華富貴看作過眼雲煙，把天倫之樂視為此生要事的樣子，但我們要追根究柢一下：他為什麼不幹了？

哦！原來是沒得幹了，想爭取的位置爭取不到，或已坐著的位置被逼退讓，衡量整個局勢風向，他已經絕無勝算了，與其難看地被拉下馬，不如自己飛身落馬，再加上一句溫情宣言：「回去陪家人。」

那麼我們倒推回去，顯然在他仕途順遂、官場得意的那麼些年，從來沒想過要多陪家人吧！不但陪得少，甚至根本不陪，就把小孩丟給老婆（也有極少數是老公）了事，當然就更顧不上父母了。唯一帶回家的，可能只有高額的薪水和他已經「奉獻」到所剩無幾、疲勞的身體了。

所以我們通常看到一個人要參選或升官，第一個大力反對的往往就是配偶，孩子們如果被問也可能不贊成（不過從沒有人鳥他們就是了），因為他們都知道「侯門一入深似海」，一個人開始玩政治就跟吸毒一樣，是除非關進勒戒所才戒得掉的。所以我們很少看到過氣的文人一直出來刷存在感，倒是過氣的政客永遠不甘心地在尋求各種復出的機會，如此迷人的權力怎麼情願放棄呢？

只有真的輸到一敗塗地了，用盡所有關係也回天乏術了，才可能不情不願地下台，而這時候，一向被拿來消費的「我一直覺得對不起的家人」，還要再被「利用」一次，因為這次他們終於下定決心回來「陪陪家人」了。

當然，一旦有機會鹹魚翻身、重回官場，他們會毫不猶豫地步出家門，對前一陣子「好好陪伴」的家人，看都不看一眼！

對策

算了吧！沒得幹就沒得幹，說什麼陪家人？老婆哪天生日還記得嗎？小孩讀幾年級你知道嗎？上次跟爸媽談心，是幾百年前的事了？說不定家人早已習慣了沒有你，你天天待在家裡，會不會被嫌礙手礙腳呀？

「我對社會做了最不好的示範」

用法：被抓包出來道歉時，收買人心用，也無效。

一個名人犯了錯，注意，不是犯法哦，因為犯法就會抓去關，但是犯錯則是有外遇、喝花酒、帳目不清、性騷擾下屬……在法律的「灰色邊緣」遊走，卻逃不過社會大眾的公審與道德的制裁。這時候，識相點的人就會出來道歉，說了一堆似是而非、跟硬拗沒兩樣的理由之後，往往還會加上這一句：「我對社會做了最不好的示範。」

這句話的意思在說：他這麼做對整個社會有很不好的影響，請大家千萬不要學就對了。但是這人未免太高估自己對社會的影響了！社會上一天到晚在發生狗屁倒灶的事，人的貪念、慾望是無止境的，稍一控制不住就會「出軌」，但沒有人會因為你這位大人物做了什麼壞事，就造成風氣跟著去做什麼壞事的，反而你自己是跟著社會風氣走吧！自身都難保了還自以為是社會表率，你真是夠了！

這句話還有一個重大錯誤：「示範」是指做正確的動作讓別人學習，所以示範只有正確的、好的，世界上沒有「錯誤的示範」這種東西好嗎？這一句就好像「做壞事的好人」一樣，基本上是違反邏輯的，又不是在寫詩，請千萬不要再濫用了。

有人也許會說：「唉呀，人家都已經認錯了，我們又何必繼續追著往死裡打呢？」那倒也沒有，我們在意的是他在做這些壞事的當下，應該就已經知道是壞事了，難道是心存僥倖以為不會被揭發？還是吃定大家都是傻瓜？「夜路走多了難免碰到鬼」，何況是這些專走夜路的人。

尤其他們所謀求的，都是些蠅頭小利、小惠，這和把幾千萬現金擺在眼前動搖心志不一樣，為什麼不想想自己的大好前程、想想那麼多人對你的期待與信賴……你只要忍一下堅持不做，就是真的成了大家「最好的示範」了。

對策

示範？你的意思是你是對的、要大家照做？沒有，你錯了？錯了要說我犯了最不應該的錯誤，請大家原諒才對吖！

我犯了天下男人都會犯的錯

用法：被抓、不得不認錯，其實又不甘心時用。

人會犯錯，男人尤其會犯錯，很多男人會犯錯（包括我在內），但如果說全天下男人都會犯錯，那等於在指稱全天下男人都是「偷情的預備犯」，這可太大條了！

其實就算犯錯，也有很少犯錯、偶爾犯錯和經常犯錯的差別，當年說出這句「千古名言」的先生，據我所知是經常犯錯（果然是一條威龍）。能如此高頻率犯錯而沒被抓到，要不就是他計畫太縝密，行動太慎重；要不就是他「家教」太輕，所謂捉姦捉姦，也得有人去捉才知道有姦，總而言之，他過了一段齊人之樂的好日子。

當然好日子也有到頭的時候，尤其不小心（或被設計）到連小孩都出來的時候，再賴也賴不掉，那就道歉、認錯、痛改前非吧！但這個也有等級之分：有人只道歉不認錯（例如許多做官的），有人雖認錯但不改過（例如許多偷情的），而這位先生雖然肯公開認錯，認的卻是「全天下男人都會犯的錯」。這下子就把自己的罪狀極小化：既然是地球上35億男人（扣掉老人小孩，算20億好了）都會犯的錯，那我20億分之一算什麼？這要說起來，不犯這個錯的男人還比較奇怪，比較另類咧！更重要的是，他等於也把這20億男人一起拖下水：「你們別假惺惺了，你們不是不犯錯，只是犯錯還沒被抓到，或者還沒開始犯錯而已，等著瞧吧！」這不但不能給自己的苦主（元配）有所安慰，反而令20億女性都開始擔心：原來男人都會變壞！那怎麼辦？我還要相信他嗎？還是趁早離開他算了？

「一竿子打翻一船人」，沒有比這根竿子打得更重的，這也說明了認錯者一點都不覺悟，根本是個懦夫！

對策

你自己錯就錯了，好好跟自己人求饒、跟天下人道歉，幹嘛拉其他男人下水？就算有再多共犯，也不會減輕你的罪刑！

PART 5

讓你白眼翻不完

「你為什麼「已讀不回」？」

用法：不要用，直接寫有內容的文字請對方回覆。

網路時代，這大概是最常見的問題了。

為什麼會已讀不回，其實這是一個不用問的問題，發文者只要再看一遍自己的發文，答案就很清楚了；如果還要去怪罪對方、要求對方說明理由，那只是自取其辱。

這就像你跟我說話，我不回答的道理一樣，都是因為「你的話不值得回答」。如果你問我認真的問題，告訴我重要的事，我不可能假裝聽不到而不出聲。但大多數時候，你的發問毫無意義，例如「你看明天會不會下雨？」（自己不會去查嗎？我又不是氣象局），又例如「我好想吃一個髒髒包哦！」（自己不會去買嗎？我又不是做團購的）。說出來的是空話，得到的回答只會是空話，哦不，我才不願意浪費時間講空話，所以你得到的回覆是空氣。

而以上兩者還算好的，至少還是出於自己的廢話，更多人是網路上隨便抓個影片，例如「早安」、例如「祝你快樂」，或是一段沒頭沒尾的「勵志文」，早就看膩的「趣味影片」……你自己想想：這裡面連你的「心」都沒有，只是隨便轉貼，像汽車喇叭一樣短暫無力地「叭」一聲，我為什麼要浪費時間回答你：「你也早啊」、「也祝你愉快」、「文章好有正能量」、「影片好有趣味呀」……我如果花一秒鐘回個貼圖給你、表示我「懶得跟你講話」但至少「我看（聽）到了」，你就應該懂得感激了吧！

如果你有能力檢討自己，你說我不是那種空洞的內容，我有好好說話，表達的有是我自己的意思，並非無關痛癢的語句或轉貼，那我再忙、再不樂意也至少應該回覆一下，為什麼還是「已讀不回」呢？

聽清楚，那表示我「不想再理你了」，覺悟吧！別再問為什麼了。

對策

讀什麼？你有寄東西給我哦，我看過了，看不出你的心意，所以我也就無心回覆了，拍謝喔。

「你睡了嗎？我有沒有吵到你？」

用法：明知不該打電話而打，可用，但保證用後無效。

你睡了嗎？我有沒有吵到你？

如果要從「廢話一百句」裡選「廢話之王」，這一句鐵定可以排入前十名，因為這和某些「客氣」廢話和「無知」廢話不同，這完全是「故意」廢話，甚至可說是「明知故犯」的廢話。

你打電話給我，開口就問：「你睡了嗎？」我當然沒睡，不然怎麼接你電話？那為什麼要問這個問題？原來是為了下一句脫罪，等會兒解釋，而我就算睡了，也已經被你吵醒，不然怎麼接你電話？而且有幾個人半夜聽到電話鈴聲膽敢不接的？還以為是出了什麼大事，戰戰兢兢地接起電話，竟然是幽幽的一句：「你睡了嗎？」我可以說：「我在睡覺、我在夢遊接你電話嗎？」你明知我可能睡了還打電話給我，可見得你重視自己甚於關心我，少在那邊假惺惺了。

而下一句「有沒有吵到你？」更狠，擺明了要我幫你「脫罪」：也就是說如果我還沒睡，當然就不會被你吵到；而就算我已經睡了被叫醒，我也只好虛情假意地說：「不會不會，我剛躺下，還沒睡著呢，有什麼事你說！」心裡卻狠狠地罵：「沒吵到我還會吵到誰？」

像這種自私自利、卻假裝禮貌、然後還要討人情的，是最不可原諒的。你半夜不顧我睡了沒、亂打電話，可以說是個「真小人」；但你打了電話還裝客氣地問「沒有吵到你吧」，這真的就是個「偽君子」了！

如果我們真有那麼要好，你任何時間打電話都不會問我這一句；如果真的是很重要的事，你也不會有心情多問這一句；只有你任性打擾別人卻又「心虛」的情況下，才會用這句話先幫自己打針，但鄭重告訴你那是沒有用的，我在心底已經把你「點名作記號」，總有一天會報仇的，等著瞧吧！哼！

對策

我睡了啊！又被你的電話叫醒啦！當然有吵到我，但我電話不關機活該被你吵，有話快說，有屁快放！

「吃什麼？隨便，都可以。」

用法：男生邀妳吃飯而妳不想吃時，可用來刁難他。

這句話常見於男女之間、情侶關係，男女生一起去吃飯，男生說：「妳想吃什麼？」女生常常回答這一句。

這一句非常令人討厭，因為女生既然這麼說了，男生就可能很自主地說：「那去吃日本料理好了！」女生卻可能回答：「不要，沙西米冷冰冰的。」如果男生說：「去吃熱炒好了！」女生又說：「不要，好油膩，人又多又吵。」

男生：「那去吃義大利麵，比較有情調？」女生：「上禮拜才吃過耶，沒創意！」男生破釜沉舟：「那去吃歐式自助餐，愛吃什麼就吃什麼！」女生：「不要，人家吃不多，好浪費喔！」眼看只好使出最後殺手鐧，男生說：「那去吃米其林總可以了吧？」女生即刻反應：「那個貴死了！你是錢太多喔？」搞了半天，不是「隨便，都可以」嗎？怎麼一點都不隨便，什麼都不可以了，這是「公主病」發作、存心玩弄男生的感情嗎？

不是的不是的，這是很多女生的小心病：「如果他愛我，應該猜得出我要吃什麼。」就像其他的「如果他愛我，應該想得出我想去哪玩」、「如果他愛我，應該知道我喜歡哪件衣服」……我的老天鵝呀！男生不是專門生來猜妳心思的好嗎？女孩子心細如髮、心思紛亂，哪裡是粗魯又隨興的男生猜得出來的？更不要說突然來了個LINE「你猜我現在在幹嘛？」「哼！都猜不到，我在跟小狗玩啦！」「你都不了解我，我覺得你根本不愛我。」……我的第二隻老天鵝呀！我沒有神通、沒有開天眼，我就是個傻傻地、直直地愛著妳的男生好嗎？別再折磨我了！

奉勸有這種「怪癖」的女生，要不，妳就真的乖乖聽話，男生說吃什麼就吃什麼，也不要有半點怨言；再要不，妳就老老實實說，例如「想吃牛肉麵」，我想男生也不敢不從。世上難得有一個對妳好的人，何苦為難他呢？

對策

報告大小姐，我查了一下附近餐廳，都沒有賣「隨便」也沒有賣「都可以」，妳可以說一樣真的可以吃的東西嗎？

「名牌包比較耐揹」

用法：自我催眠時，說；跟男人要錢買包時，最好別說。

女人愛買名牌包，由來已久，而且個人身材條件不同，不見得穿起名牌衣服來個個漂亮，所以不是人人可以把「名牌」穿在身上。而「名牌包」則不同，不管揹在肩上、掛在手上、提在手裡、還是只放在身邊，人人都可以有這麼一個名牌包，來顯示自己的地位。

一個平庸無奇的我要得到別人稱讚的方式，就是拿一個名牌包在身上了！我雖然存在感很低，但你總看得見這個包吧？我就算沒有優點，你也不能說這個包不好吧？因此只要我有一包在身，就是一種自我肯定，我的自尊心由此而生，走起路來，也多了一份自信。

可是名牌包為什麼那麼貴呢？這個時候有一個聲音就會自動出來為名牌包辯護了：「名牌包雖然比較貴，但也比較耐揹嘛！」這句話一不小心就讓人中計了，一樣是包包，能有多耐揹、揹過一個世紀不壞嗎？更重要的是：沒拿過幾次的包，還沒有「壞」的問題，但在我們心裡已經「舊了」，因為我們的注意力已經被新上市的包給吸引住了，當然要拿最新款的包包才算跟得上潮流啊！（拿舊包、過季包，豈不是跟穿著破衣服一樣沒面子嗎？）

所以，女人永遠會熱衷於買包，而且不斷（視其老爸或老公經濟能力如何）地買新包；若是靠本人辛苦掙錢才來買的，那就會收斂多了，至少不會自欺欺人地說上一句：「名牌包比較耐揹！」嘿嘿。

對策

是啊，花這麼多錢買的包，至少要揹上20年吧？這樣一年才花幾萬，一個月才花幾千，不貴不貴，可是這個包包壞掉之前，妳可不許再買新的包哦，好不好？

「妳變美了，去整形對不對？」

用法：除了對你堅持的「仇家」之外，千萬不要用。

大概沒有比這更令人痛恨的問題了。

首先可恨之處在於，「妳變美了」這句話的起點在於「妳原來不美」，對我的外貌是低評價的，然後難得我「變美」了，卻不相信我是靠著養生、運動、勤於保養、注意身材努力來的成果，而一口咬定我「整形」了——再來另一個控訴是：妳是「沒有能力自己變美」的，所以才要靠整形。

以做人的基本道理來說：首先，你可以不必說我「變美」了，真的非說不可，就說「妳好美」就夠了，我自會客氣地推辭一番：「哪有？」然後再客套地說：「你才美（帥）呢！」

而你一出手就內藏暗箭地說「妳變美了」，再來一箭刺穿我心地問，我是否去整形了，這讓我如何回答呢？第一、我沒有去整形，可能今天化妝比較用心、氣色比較開朗，本來你說「我變美了」讓我心花怒放、覺得你這個朋友有眼光、有品味，哪知道你又殺來一句「整形」，言下之意，不是說我「除非整形、否則不可能變美」嗎？

而假設我真的整形，我又沒有公開（不像苦苓那個愛現鬼，割個眼皮也要昭告天下），那就表示我不想讓人知道，你若是太好奇，大可以私訊或私下問我，我說不定還會好心幫你介紹一下整形診所（反正你若不整形，也是很難變美（帥）的……）；但你如今光天化日、大庭廣眾地說出來，豈不等於「公審」，要知道有些人是不喜歡人家整形的、有些人是花不起錢整形的……你當眾這樣問我，究竟是希望我怎麼做？

所以你可不可以婉轉一點，例如說：「妳越來越美了，是怎麼保養的？教教我們吧！」是不是就皆大歡喜了？

對策

什麼變美？我本來就這麼美好不好？你為什麼猜我整形？是不是自己想去？來，先說看看你想要整哪裡？

「你不是中文系的嗎？怎麼這個字都不認得？」

用法：自己會別人不會時，可用；自己也不會時，別用。

這個問題可以不斷替換，例如「你不是外文系的嗎？怎麼這個單字也不認得？」「你不是植物系的嗎？怎麼這朵花都不認得？」「你不是昆蟲系的嗎？怎麼這是什麼蟲生的蛋都認不得？」……以此類推，總而言之，這是一種責備，但責怪的不只是你「現在」無法解決他們的問題，還順便指責了你的專業，暗示你大學四年（或更多年）都在浪費時間，現在答不出來也是在浪費他（她）的時間。

問題是就算我在中文系時年年都拿書卷獎，但天下的國字那麼多，也不可能每一個都認識啊，而且偏偏就有人喜歡拿那些已經死掉（早已不通用，極少人認得）的字出來用，那我也只好乖乖查字典、有時甚至要查到康熙字典才能查到，怎麼可能「一見你就認識」？記得在中學教書的時候，每當第一次點名，碰到有學生的名字我不會念時，一定直接跳過，等全班都點完才問：「誰沒有點到？」「我，×××」這才知道他的怪名字怎麼念，也才不會在全班學生面前威嚴盡失，被笑「國文老師怎麼這個字都不認得」？思想不成熟的中學生這樣想還情有可原，但如果是已經在社會上走跳的同事或朋友這樣說，則可能是暗藏敵意、不得不防的小人。

沒有人的「專業」是絕對「專業」的，就算你念到博士、後博士、超博士也一樣，而且真正重要的是知識的積累、智慧的沉澱、見識的增長，而不是一個字、一朵花認不認得？那只是「資訊」而已，估狗一下、APP找一下，答案就有了，你又何必拿來難為別人呢？要知道你的專業也會有被考驗的一天，出來混總是要還的！

對策

對啦，我不學無術，連這個字都不認得，麻煩你估狗一下，然後把答案LINE給我。哥可沒有閒功夫去找這種冷僻沒人用的字，這個重要任務就麻煩你了啊。

「愛台灣，就要會講台語」

用法：指責別人不愛台灣，會用；真正愛台灣的人，不用。

這是一頂很大、也很好用的帽子，但是我要說的是（不好意思年紀這麼大的人還這麼沒修養）——屁！

你說愛一個地方，當然要會講那個地方的語言，有什麼錯呢？錯就在「台語」的定義是什麼？大多數人心裡只想著閩南語吧？那麼福建省南部講閩南語的人，愛不愛台灣呢？在台灣住了大半輩子、死後把積蓄全捐出來的外省榮民伯伯，他一句閩南語也不會，難道就是不愛台灣嗎？

而且說到「台語」，所有台灣人講的話都是廣義的台語，閩南語是、客家語是、華語是、原住民語也是……請問你會說幾種台語呢？兩種？才兩種你敢叫愛台灣？那我苦苓還多會一種客家語，是不是比你更愛台灣？我所認識的泰雅族人，有許多除了自己的母語之外，還會華語、閩南語和客家語，那這樣說他是不是最愛台灣？才不是，現實是因為他最弱勢，被逼著要學那麼多種語言才能維生。就像大部分的客家人都會說閩南語，而閩南人會客家語的不多，像我這個外省人要兩種「方言」都會的更少。但這都是環境使然，就像台灣歐巴桑移民美加之後，也不得不講起口音不標準，但還算是流利的英語來。

總之不管你會幾種在台灣通行的語言，都和你愛不愛台灣一點關係也沒有，你不覺得這句話跟情侶之間常見的「愛我，就要知道我想吃什麼」是一樣不理性嗎？何況你還只會一種台語。講各種不同語言的台灣人聚在一起要溝通時，不是也不得不講華語嗎？

而且我還要提醒說這句話的人：歷史上不是也有很多台灣人是出賣了台灣、被稱為「台奸」嗎？偷偷告訴你哦，這些人也都會講台語耶！

對策

且慢！你的台語是哪一種台語？是台灣通用的19種語言（原住民有16族）中的哪一種？什麼？只有一種，那你只有十九分之一愛台灣囉。

「你太主觀了」

用法：合我意的，就說客觀；不合我意的，當然是主觀。

我們稱讚一個發言者，常會說他「公正、超然、客觀」，反過來說，如果他的發言過於偏頗，我們的直覺反應就是「你太主觀了」。

主觀好像是不對的，主觀好像是偏重於個人意見，最重要的是：主觀好像都是我們不同意的說法——這就對了！「你太主觀了」只是「我不同意你」的禮貌說法，其實在邏輯上是站不住腳的。

因為每個人在發言時，都是主觀的，我主觀地認為你是主觀的，那到底誰不對呢？因此主觀並沒有錯，每個人都根據自己的理解、演繹、判斷而提出意見，都是主觀的。

當然你可以說自己講的並非一面之詞，而是並列了各種可能，而在其中「客觀」地做了選擇——很抱歉！你做選擇的原則，還是你的「主觀」想法，那又怎麼稱為「客觀」呢？

你說我只提出事實，完全沒有加上自己的意見，讓聽者自己判斷，這樣夠客觀了吧？但什麼是事實呢？你在選擇自以為的「事實」時，也已經加上自己的主觀──你可以在同一個地區，拍到母子相擁的溫馨畫面，也可以拍到兒童流浪街頭的畫面，你把哪一張「主觀」地呈現出來，我們就「客觀」地判斷那是一個好地方、還是糟糕的地方─你看，我們的客觀還是被你的主觀引導著呢！

所以我們不該動輒說人「主觀」，而「主觀」也不是「錯誤」的代名詞，只要我們有充分的資訊、合理的思考、不先入為主的判斷、更不介入其中利害得失，那麼我們的「主觀」，或許能距離所謂理想的「公正、超然、客觀」不會太遠。但不要忘了，所有人都是主觀的，除非是人云亦云、自己完全沒有思辨能力的傢伙。

對策

我太主觀了？對啊，人應該有自己的看法，那為什麼我就會「太」主觀呢？你一定也有自己的看法，所以你也是「太」主觀了，這樣說很公平吧？

「沒辦法！我沒有靈感、寫不出來」

用法：不是作家卻要冒充作家時，這一句很好用。

講到創作者，尤其是作家，不知為什麼大多數人都認為他們是靠「靈感」在寫作的。作家去旅遊是為了找靈感，作家去散步是為了找靈感，連作家在沉思（一般人叫發呆，沉思是作家的專利）都是為了找靈感；而作家如果寫不出東西來，或者一再寫出失敗的作品（廢棄的紙團丟得到處都是，就像電影裡演的），那就表示沒有靈感，不怪作家，怪靈感先生或小姐沒有來！

這就讓人起疑了！難道當作家，得先去尋找、徵求、聘用、甚至收買一位叫做靈感（繆思女神？）的助手，只要靈感來上班，作家就可振筆直書、立成萬言；若是靈感曠職沒有來，那就只能繼續沉（ㄈㄚ）思（ㄉㄞ）？那萬一靈感辭職了是否就表示「江郎才盡」，而寫書一旦大賣也是靈感創下的奇功囉？

我們看看職業棒球吧！請問一位投手可以走上投手丘，說我今天沒靈感不投了嗎？一位打擊手站上打擊區，可以說我今天沒靈感不揮棒了嗎？作家也是一種職業，凡是職業就沒有什麼靈感不來不上班的，你靠的是實力、是訓練、是養成、是經驗……你根本不是靠靈感，所謂靈感不來，那只是你既無實力又不努力的結果，別唬人了！

所以大家也不要老以為作家就是「坐在家裡」，等到靈感一來就可以動筆。作家也是要到處去從事各種活動、接觸各種人事、累積各種經歷……然後從中觀察、分析、感受、思考來得到創作的題材，偶爾在寫作過程中忽然電光石火跑出一個想法，那就抓住它、寫出來為作品加分，這個如閃電一過而逝的東西，才叫做靈感。

平常日子當然不可能天天有這種電光石火的時刻出現，所以作家是靠實力寫作而不是靠靈感鬼混的。下次再有人跟你說沒靈感寫不出來，那他（她）只是交不出作文的學生，絕不是作家。

對策

什麼？你沒帶靈感來？好，那現在給你一小時去把它找來，在你家、在店裡、還是在街上？什麼？你不知道？那你根本不是沒靈感，是靈感根本不認識你嘛！哈哈！

我不怕死

「用法：根本不會死時，可用；可能會死時，千萬別用。」

年輕人說這句話，毫無意義，因為在他心目中，離「死」還遠得很呢！他說不怕死，就像說自己不怕中東恐怖份子一樣，因為距離遙遠而毫無真實感。

老年人說這句話，也沒啥意思，因為如果時間到了，他不死也不行，如果時間未到，他想死也死不了，根本由不得他怕不怕，因為無法主導而失去了可行性。

那還有誰會英勇的「不怕死」呢？那就是偉大的軍、警、消防人員了，可是他們也很怕死，不然幹嘛還需要頭盔和防彈背心？他們是不怕危險，不是不怕死，而且死了就沒機會打勝仗、完成任務了，所以要有各種先進裝備，夥伴要互相掩護，就是為了保住一條性命，哪裡是不怕死？

活著，即使活得再差，總有一線希望；死了，就什麼都沒有了，也不可能有任何改變，是徹底的絕望。所以我們可不可以說自殺的人是不怕死呢？也未必，否則也不會有那麼多已經自殺又忙著求救的人（當然這是對的，可別為了賭一口氣而不求救），也不會有那麼多自殺未遂就不再嘗試的人（當然這也是對的，請學會教訓），除非是他（她）承受到的痛苦遠大於死亡的痛苦，是絕不可能輕易嘗試的——但既然又沒有真的死過，顯然是低估了死亡的痛苦，從以上求救和不再犯的例子來看，死亡的可怕還是大於一切的，真的動手結束自己生命的，顯然是低估了死亡；如果真的「死過」，應該會想「再活」。

台灣的醫院裡，據說共有六十萬靠機器而存活的人，他們既無治癒的希望，生活品質當然也乏善可陳，但他們和親人們為何堅持不死呢？可見得「我不怕死」是假的！

對策

真的哦？那簡單，把你身上值錢的東西都送給我，咱們一起到頂樓露台去，你只要輕輕一跳，就證明你的話了！（以上純為玩笑，請勿當真）

我在等我的真命天子（女）出現

用法：找不到對象又懶得找時，可供推託用。

希臘神話裡有一段紀錄：天神造人，是一次造兩個，一男一女，把他們分置兩處，所以人的一生，就是在尋找和自己同時「製造」的那一半，最後以吻結合，才成為一個「完整」的人……這故事很浪漫感人吧，但別忘了，這是神話！不是人話！

在人的世界裡，是沒有人為你「特別訂製」一個伴侶的，拿很多我們看來情投意合、水乳交融、至死不渝（？）的「天生一對」來說，他們也是在尋尋覓覓、跌跌撞撞、起起伏伏中間，才找到了心儀的對象。而彼此也絕對不是已經「完美」得可以一成不變，還是要做很多的協調、讓步、交換、改變，然後「磨合」成可以和對方和樂相處的樣子，而且，還要一直不斷地「調整」下去，才可能真正和諧無瑕地相處。這也就證明了，世界上並沒有一個專屬於你的「真命天子（女）」放在那裡，讓你一找到就萬事ＯＫ，從此過著幸福快樂的日子。

當然我們要找的，不是最好的人，最好的標準很難訂，再說我們自己也不是最好的，憑什麼就那麼好命有一個「最好的人」來配呢？我們要找的是最適合的，而適合除了先天的條件之外，後天的調節也很重要，因為沒有人是一成不變的，否則不會有那麼多人誤以為找到理想對象而欣喜若狂、過不久卻又發現愛錯人而傷心憔悴……所以說，沒有永遠一百分的伴侶，只有持續不斷維護愛情的努力。

早一點從這個白日夢清醒吧！假如你堅持生命中一定會有一個真命天子（女），那就更不該傻傻「等待」，而是更努力地去接觸、尋找、追求，然後才會獲得！

對策

你再等下去吧！就算有很可能適合你的人，在接近你的過程中也可能被人攔截搶走了，還是趕快行動比較實際啦！

「胸大無腦」

用法：比人家小的，常用；比人家大的，死也不用。

首先，真的胸大到DEFG的人，是不會說這句話的；有可能說這話的，只有AB的女生，以及其他所有的男生。

AB女生說人家胸大無腦情有可原，算是一種嫉妒的表現，既然妳挺在那裡的清清楚楚，我根本沒辦法比，那我只好去追究那個大家看不到的。假設妳的養分都跑去「長胸」了，想必「腦」裡面比較缺東西——但這並不能證明「胸小」者就有「腦」，至少在科學上，我們迄今尚未發現胸腺與海馬體有什麼關係。

而說這句話的男生呢，則是充滿著邪念，雖然很多男生都假掰地說不在乎女生胸部大小，講好聽的說什麼反正他手掌也不大，可是你看他走在街上，只要有「呼之欲出」的、夠「胸猛」的，他的兩眼立刻轉向緊盯、絕不錯過，而且腦袋進入「呆滯」模式，例如他會回答妳說：「電影好不好看喔？好啊，好……大。」

既然天性如此，那麼欣賞大胸就好了，又何必詛咒人家無腦？豈不知這就是男人私底下的黑暗面：既然大胸引起了我的興趣，我當然想動歪腦筋，而她越呆、越笨、越天然（總之一句就是無腦啦）……不就越好騙、越容易得手嗎？從瑪麗蓮．夢露開始，男人的夢中情人就是一個胸大無腦的女人，而有些男人之所以會變成「蘿莉控」，也無非是希望利用對方的幼稚無知——可見得男人多麼害怕聰明的女人，因為聰明的女人不管大胸小胸，都不好騙。

所以，女人當自強，「木蘭無長胸」的也別自卑，我們自有其他傲人之處；而幸運大胸的，更應努力充實自己，讓胸和腦一樣成長，讓男人知道：「別想輕易唬我，你自己想辦法變聰明吧！」

對策

胸大無腦？還是無腦胸才大？你們男人要知道：身材好的女生固然可貴，腦筋好的女生才更珍貴——哪一個才能讓你真正快樂、成功呢？好好想一想，希望你的腦容量夠大喔。

「我是你第幾個異性朋友」

用法：確定自己佔優勢，鬥嘴時為了佔上風，可用。

這問題雖只限於異性戀情侶之間，當然同性戀的情侶也會問，所以我們可以把它簡化成：「我是你第幾個？」

但這個問題實在是存心讓對方為難，因為如果你熟知對方的過去，那也實在沒必要問，問的結果頂多就是對方老實招供、然後你以「我都沒有」或「我才幾個」來欺壓對方，只是徒然讓對方在兩人情愛關係上又矮了一截，對雙方的感情發展並沒有好處。

如果你並不熟知對方的過去，那當然就可以自由發揮了，最好的答案當然是不假思索地就回覆：「第一個！」但你會這麼輕易相信嗎？「是嗎？」「真的嗎？」重重疑團之下，以後還是要找機會套對方的話，或另外探聽，所以這也不是什麼太令人滿意的答案。

而若是支支吾吾，說少了怕你不信，說多了怕你不爽，吞吞吐吐出一個數目字來的，那就再沒有參考價值了。而且「曾經」幾個也不是用來比較的，「曾經」比較少的也不表示比較「忠誠」，那去追問這個其實無法求證正確答案的「曾經」，又有什麼實質意義呢？

甚至對方可能老羞成怒反擊說：「你一直問這個煩不煩呀？」「過去都過去了，你管我有幾個？」「為什麼你不能把握現在、放眼將來？」甚至藉機會好好把你訓示一番。

現在對方已和前任都沒有關係了，你還要特別去挑起這些古早時期的事，這樣未免也太不厚道了吧？

當然，夠聰明的對方會回答你：「不管以前有幾個，相信我，你就是最後一個。」賓果！聰明！

對策

第幾個異性朋友，嗯……我算算看，根據我的電話簿，異性朋友大概有兩三百個，你要確實的數目嗎？等我算好了再告訴你，還有，你也算一下你的告訴我。

我可以吻妳嗎？

用法：你實在不想跟這個女生繼續下去，那就用吧！

這個「吻」字應該用空格代替，大家可以自行填入任何男女相處時的動作，從一壘到三壘，其中任何動作都一樣，請你做！不要問！

也許你尊重女性，不想對方「有不舒服的感覺」，所以在做之前，覺得還是先問一下比較妥當，一來避免尷尬，二來也比較理直氣壯，將來若有了糾紛，你還可以說：「可是我有問過妳呀！」

問題就在於這個「問」，你想：雙方既到了濃情密意、心靈契合之時，她離你那麼近，她的髮梢觸碰到你，她的香味引誘著你、她的氣息與你一樣的頻率、她兩眼微開、雙唇噘起，這時你卻來一句：「請問（好有禮貌啊！），我可以吻妳嗎？」對方的臉不馬上垮掉，杏眼圓睜，咬牙切齒：「還問還問，你以為我在等什麼呀？」

所以啦，空格還可以填上各種字眼，只要機會來了，你略微試探，對方若稍稍阻攔，你就略略加強以示誠心，對方可能就放棄抵抗，如此豈不水到渠成？然後循序漸進、走走停停，一切以溫柔的試探、堅定的執行、無限的留戀為最高指導原則，千萬不要出現那種白目的問話。

時代進步，也許這些對年輕朋友早已不成問題，情侶早就能融為一體，砲友也能相濡以沫，還需要苦苓你老人家殷殷囑咐嗎？但「飽漢不知餓漢飢」，有許多男生就是臉皮薄、膽子小，一旦上場打擊，球打出去之後，他一邊飛奔一壘，一邊還大聲問：「請問我可以上一壘嗎？」碰到這種死腦筋，妳不當場把他封殺out才怪！

孩子，別怕，該做就做吧，不用問。

對策

本來你是可以吻我的，本來你默默地吻我之後，還可以對我做很多事……現在你吵醒我了，我只能鄭重地告訴你：「不，你不能吻我，你什麼都不能做，再見！」

你到底（還）愛不愛我？

用法：當對方對你的愛有所懷疑時，搶先拿出來用。

注意一：「我愛你」是人家給的，不是向人家討的。
注意二：如果是「討」來的，其可信度非常值得懷疑。
注意三：確定對方還愛你的人，必定不會問這個問題。

這樣夠清楚了吧？在感情上我畢竟也是大風大浪、苦盡甘來的，原本不想這麼殘忍地一語道破，可是對於很多愛情傻子，真是看得又急又氣，不得不甘冒天下之大不諱（就是會被人人喊打喊殺啦！）地跳出來、告訴你千萬不要問對方這句廢話。

因為你們如果好好的，你儂我儂、整天放閃都來不及了，哪有空閒去問這種題目？而且這種問題一定是在你們相處有了問題，你對你們之間的愛情開始動搖、起了懷疑之後，才會問這句話，換句話說：「沒問題的沒有問題，有問題的才會有問題。」

而這個問題如果還加上一個「還」字，那就更悲慘了！也就是你原本知道對方是愛你，但不知道發生了些什麼事情，你現在已經不知道對方是否「還」愛你了，而照這個說法你是還「愛」著對方的，只是眼看人家馬上要投入別人懷裡，所以趕快懸崖勒他的馬，卻也只能有氣無力地問：「你到底（還）愛不愛我？」

如果你是確定的，根本用不著問對方；而如果你問了對方，答案多半是確定的「愛啊愛啊」加上「怎麼會不愛？」甚至再加上「你怎麼會這樣問？」若是更狠的就再加上「是不是你不愛我了？」來個主客易位，你馬上屈居下風，而且還無處申冤，所以這個問題沒事千萬別亂問。想想檢察官在訊問嫌犯時，他們哪有乖乖承認的，除非有明確的證據被抓到！

所以，有證據的，說分就分，不必再問了；沒證據的，問了也沒用、你也不信，不如再「跟監」一段時間看看。

對策

我愛你，從來沒有不愛你，在我的生命中沒有一秒鐘是不愛你的，而且我也會一直一直愛下去，愛到萬一有一天你不愛我為止……好，換我問了，那你到底還愛不愛我？

「我配不上你，我們分手吧！」

用法：想「脫身」又找不到任何理由時，就用這種「自貶」法吧！

分手的理由有一萬種，就以這一種為最爛。

你可以說我們個性不合，你可以說自己另結新歡，你可以說還不想定下來，你甚至可以說我不是你的菜（結果你還吃了那麼久！），但你絕不可以說「我配不上你」。

這句話如果是實話，就表示你真的有在比較你和我的優劣高低。如果覺得我不如你，你應該直說：「你配不上我！」雖然現實、勢利了點但我也無話可說，畢竟人總有點「騎驢找馬」的心態嘛！你如果真的覺得我配不上你，卻要故意說成你配不上我，那你就真的太假掰、太賤、太虛偽了！

你根本就是故意在暗示：「認真比較一下就知道，你根本樣樣不如我，還好意思跟我在一起？」但你這樣說反話，就好像說「大便比米飯好吃」一樣，是人都不能接受。

就算你私下比較的結果，是你真的比我差，那你也沒權利決定我們的分合！你說配不上我，但我並沒有說你配不上我呀！你是有不少缺點，但也不是一點優點都沒有啊，怎麼知道這些優點不能彌補你的缺點、又怎麼知道我就是欣賞你的某些缺點呢？你覺得自己脾氣暴躁，我卻可能覺得那是男子氣概；妳覺得自己弱不禁風，那卻使我更想保護妳……哪有誰不如誰、誰配不上誰的問題？

男女在一起，不是在爭誰輸誰贏，然後說輸的配不上贏的；也不在爭誰強誰弱，然後說弱的配不上強的。男女在一起是要事事商量、和諧共處的，就算你非要討論誰配不配得上誰的問題，也應該是由兩個人共同討論決定，哪有你一個人說了就算？說了就想溜的，給我站住！

對策

你配不上我？別自暴自棄了，我問過很多人，都說我們很相配、根本是天作之合。給我乖乖待著，等到哪天我真覺得你配不上我了，自然會叫你滾蛋的，別急啊！

「你會看上她，一定是她比我美（好）」

用法：感情挫敗時，用來安慰自己，但是沒用。

有一句很殘忍的話：「感情關係中，失敗的人才是小三。」這麼沒道德、良心被狗吃的話當然不是我說的。可是對做太太的來說，老公有外遇除了感覺被背叛的憤怒、確定被出賣的傷心，還會有一種屈辱感：我輸了！我老公被比較讚的女人搶走了！

首先要釐清一件事：現代婚姻不是打擂台招親，妳嫁的不是最好的人，妳當然也不是對方心中最好的人，而是你們彼此是最「合適」的人。所以做老公的不會嫌老婆不是周子瑜，太太當然也不會用孔劉的標準來要求先生。

而這樣的婚姻之所以受到破壞，並不是因為有比妳條件更好的人出現，而導致配偶變心——否則街上滿坑滿谷都是更漂亮的女生，老公豈不是要每天變一次心？男人有外遇的理由很多，但最常見的原因是「審美疲勞」，又缺乏自制力，用一個不太禮貌的比喻：龍蝦再好，天天吃也會膩吧？所以男人外遇，想找的不是比妳美的人、比妳好的人，而是「跟妳不一樣的人」——只要今天不吃龍蝦，青菜蘿蔔都可以，但哪一個更美味可口，大家心知肚明。

所以大老婆首次要去面見小三（談判）時，通常會大費周章地整理儀容——做臉、做頭髮、花上兩小時化妝、穿新衣、掛首飾、再花上一小時打扮。目的無非是到了「戰場」讓「敵人」看看：看吧！老娘一點也不輸給妳！

但如果就外表而言妳還是輸她呢？豈不是要棄甲投降？或者小三明明差妳一大截，妳豈不更難過老公瞎了眼？冰凍三尺非一日之寒，與其兩個女人拚搏，不如跟老公好好懇談：你，是對我哪裡不滿意？我如果改，你還要跟那個女人在一起嗎？如果是，祝福你們，你現在就可以走，但是money & kids給我留下來，掰掰！

對策

你會看上別人，一定是太久沒有好好看我了，或者我也沒有努力讓自己好看。來，再看我一眼（下音樂），是不是那個你一開始就愛、現在也還愛著的我？

「她只是我的紅粉知己」

用法：被「抓包」而無充分證據時，可用；如要認罪，別用。

已婚的男士當然有權利結交女性朋友，但這個女性朋友跟女朋友不同哦！如果你不會分的話，很簡單，女性朋友是大聲講話的，女朋友是喃喃私語的；女性朋友是大家吃飯的，女朋友是私下喝咖啡的；女性朋友是應酬招呼的，女朋友是互訴心事的……這樣清楚了喔？已婚的男士，是不可以交這種女朋友的。

什麼？你說是「紅粉知己」，你有權利可以結交？等一下，先說「知己」，最該知己的不是自己的枕邊人嗎？可以知無不言、言無不盡，最愛你的人當然是最了解你的人，結果卻出現一個「非枕邊人」、「非愛人」，而這個人居然成了你的「知己」，你到底有哪些重大機密、哪些不堪劣跡一定不能讓另一半知道，卻可以讓別人清清楚楚？

請問你們：是如何建立起這種親密關係的？平常又如何維持這種親密關係？認識到現在一共花了多少時間來確保這種親密關係？這種親密關係又都是在

什麼場合、什麼情境下建立的——不可能是在人群喧擾之處嘛！一定是私下寧靜之時嘛！你們兩個瞞著我「私會」多久了？

而且為什麼要瞞著我呢，如果只是說說心裡話，讓我認識也無妨啊，為什麼我一直到今天才知道她的存在？

而且你真的除了我之外，非要一個「知己」不可，那你也可以找男生啊。既然你沒有打算和「知己」發生不倫關係，那又何必找「紅粉」的？你不覺得很像在找「小三候選人」嗎？你們兩個心靈相通、惺惺相惜、憂樂與共……再來不發生親密行為，還能再怎樣發展下去？

別騙人了！所謂「紅粉知己」，就是你還沒睡到的女人——或者已經睡到，卻不肯跟我承認的女人！

對策

真的喔？你真的好寂寞，需要一個紅粉知己來傾吐心事；我也覺得滿寂寞的，你覺得我也找一個「男閨蜜」如何呢？

「我不知道他（她）已經結婚了」

用法：東窗事發時脫罪用，未必有效。

多年前的一本雜誌上，曾經有一篇〈不知使君已有婦〉，白話意思就是說不知道他已經結婚了。不過當初看來這麼古典文雅的說詞，還是繼續被使用著，只是說法簡單多了，和有婦之夫或有夫之婦交往，結果被發現了，就雲淡風輕地來一句：「我又不知道他（她）已經結婚了。」

首先，你應該有基本的法律常識，知道不可以和已婚者交往，否則那就是通姦、就是妨害家庭，甚至是重婚。假設你知道這一點，你也應該有基本的智商，知道你交往的對象結過婚沒有；說不知道，是你「白目」。

因為婚是不可能偷偷摸摸結的，以前規定要有公開的儀式，既然公開，就有人知道；有人知道，就問得到——難道這個人結了婚沒有，全辦公室的同事都不知道？所有認識他（她）也認識你的人都不知道？那也瞞得太成功了吧？我們只想簡單地問一句：「要知道一個人是否結婚了很難嗎？」

而就算現在法律改成婚姻只需證人跟登記了，但既然登記就是清清楚楚地記載在公文書上、在身分證「配偶」欄上，連問都不用問，看一下就知道了，我們又只想簡單地問一句：「看一下對方的身分證，很難嗎？」

當初雜誌的那篇文章，結論是要知道對方已經結婚一點也不難，但大多數沒有「發現」對方已婚的人，其實都是心存僥倖，故意不去弄清真相，而想繼續蒙混下去，而等到真相大白的那時，又可以一副很委屈、很冤枉、很「假裝清白」地說：「啊，他（她）結婚了，我不知道耶！我還以為……」

以為你個頭！現在就告你，讓你坐牢、讓你罰錢、讓你身敗名裂、讓你學會教訓：下一次，先弄清楚再上！

對策

真的哦？你是啞巴，不會問哦？你是瞎子，不會看哦？還是心裡明白得很，現在正跟我「演戲」是不是？

他說過要離婚的

用法：小三身分曝光，不得不為自己辯護時用，但無效。

這一句有沒有聽來很耳熟？這叫「小三的辯護，理由二」，那麼「理由一」是什麼呢？當然是「我又不知道他結婚了」，這個我們已在上一篇拆穿過，現在繼續拆穿第二個理由，以維護各位賢妻的天賦人權。

一個已婚男人在女生知道他已婚的狀況下，卻還想跟她發展婚外情，第一句對她說的話一定是：「其實我的婚姻並不幸福。」先預告她不是破壞別人婚姻的人，而是他自己本來就不幸福了，再來低著頭承認自己婚姻不美滿，耍耍憂鬱激起女生的母性，覺得他好可憐哦，恨不得抓來抱在懷裡「惜惜」。

這時第二句話又接踵而來：「我太太都不了解我。」太好了！看這男人多可憐，每天在外面為家庭打拚，卻娶了一個不了解他的太太，兩個人在家裡一定無話可說，看來只有我能解救這個男人了！

再來第三彈：「我覺得我們好有緣哦！」看，我們不是萍水相逢，是命中注定耶，我們的心靈如此契合，那麼身體一定也……咳咳，我只是在想：「我的心就像孤單的小船，終於找到了妳這個可以停泊的港口。」

他這下顯得夠認真了吧？既沒把妳當成隨便的女人，也不只是跟妳玩玩而已，是想認真、一直、堅定走下去的……那元配怎麼辦？放心，我們早就在談離婚了，很快我就會恢復自由之身，現在先讓我們把握機會，良宵一刻值千金呀！

這齣戲演到後來，當小三終於被「破獲」、遭到「譴責」、不得不低頭悔悟道歉的時候，就會幽幽地冒出這一句：「他說過要離婚的。」沒錯！他可能說過一百次了，但他真的「要」嗎？有在「進行」嗎？妳也不是真關心，妳只是拿這一句話來讓自己「安心」的，不是嗎？

對策

他說過要離婚的，可是從沒跟他老婆說過耶！倒是他老婆說過無論如何不會離婚的——給妳參考看看。

「如果我和你媽掉到水裡，只能救一個，你救誰？」

用法：擔心老公是媽寶時，自討沒趣用。

這大概是全世界最無聊的問題了，媽媽大致上不會問這個問題（以免自取其辱），但熱戀的女生或新婚的妻子，有些ＩＱ偏低、ＥＱ又不高的，就會問這個問題。

先談ＩＱ問題：基本上太太和媽媽是沒什麼機會一起掉到水裡的，除非去搭郵輪或遊艇，但那也都會有救生衣，掉到水裡也不至於致命，而如果要救，當然是由專業的救生人員來救，怎麼會由老公（或兒子）來救呢？而且更沒有理由只能救一個，當然是一個一個救啊，頂多有先救誰後救誰的差別，哪有救一個、另一個就要死的這種「你死我活」的問題，會設想這種狀況的人，並不聰明。

再來是ＥＱ問題：其實這個問題，是女友或太太變相在問：「你比較愛你媽還是愛我？」拜託哦，一個是親情、一個是愛情，根本不衝突、而且也沒有辦法比較好不好？問這種令男人無法啟齒回答的問題，根本上就是在找他麻煩，他選來選去不是不孝就是不夠愛妳。難道聽他虛情假意地說：「當然先救妳啊！」女生還真的能開開心心地說：「我就知道你比較愛我」嗎？

聰明的女生絕不會問這種問題，以免提前種下婆媳惡鬥的導火線。聰明的女生也知道「愛屋及烏」，愛你的男人就包括愛他的一切，包括他媽媽。想一想如果真的問了，他回答說：「我問過我媽了，她要我先救妳。」妳就會比較開心嗎？還是覺得婆婆比妳「識大體」呢？或許他也可能回答：「我兩個都不救，因為我不會游泳，但我媽媽會游泳，她會救妳的。」妳就會比較安心嗎？

答案是都不會，因為會問這樣的問題，表示妳對這個感情（婚姻）毫無安全感，最好的辦法就是斷、捨、離。

對策

什麼？我們這麼相愛，媽媽也那麼疼我們兩個，到底我做錯了什麼事，妳要拿這樣的問題為難我？嗚嗚……我真的是太難過了！

國家圖書館出版品預行編目 (CIP) 資料

你今天廢話了嗎？: 看懂時機講對話 , 沒有口才也可以是人才 / 苦苓著 . -- 初版 . -- 臺北市 : 遠流 , 2018.08
面； 公分
ISBN 978-957-32-8325-6(平裝)
1. 說話藝術 2. 人際關係
192.32 107010648

你今天廢話了嗎？
看懂時機講對話，沒有口才也可以是人才

作　　者：苦苓
總 編 輯：盧春旭
執行編輯：黃婉華
行銷企劃：鍾佳吟
封面設計：江孟達
內頁排版設計：Alan Chan

發 行 人：王榮文
出版發行：遠流出版事業股份有限公司
地　　址：臺北市南昌路 2 段 81 號 6 樓
客服電話：02-2392-6899
傳　　真：02-2392-6658
郵　　撥：0189456-1
著作權顧問：蕭雄淋律師
ISBN：978-957-32-8325-6

2018 年 8 月 1 日初版一刷
2018 年 10 月 18 日初版二刷
定　　價：新台幣 320 元（如有缺頁或破損，請寄回更換）

遠流博識網
http://www.ylib.com
Email: ylib@ylib.com